Remarque | Im Westen nichts Neues

Lektüreschlüssel XL

für Schülerinnen und Schüler

Erich Maria Remarque

Im Westen nichts Neues

Von Sven Jacobsen

Reclam

Dieser Lektüreschlüssel bezieht sich auf folgende Textausgabe: Erich Maria Remarque: *Im Westen nichts Neues. Roman.* Köln: Kiepenheuer & Witsch, [19]2022.

Lektüreschlüssel XL | Nr. 15549
2023 Philipp Reclam jun. Verlag GmbH,
Siemensstraße 32, 71254 Ditzingen
info@reclam.de
Druck und Bindung: Elanders Waiblingen GmbH,
Anton-Schmidt-Straße 15, 71332 Waiblingen
Printed in Germany 2025
RECLAM ist eine eingetragene Marke
der Philipp Reclam jun. GmbH & Co. KG, Stuttgart
ISBN 978-3-15-015549-3
reclam.de

Inhalt

1. Schnelleinstieg

Autor	Erich Maria Remarque (1898–1970), deutscher Schriftsteller
Gattung	Roman
Epoche	Entfaltung der Moderne ab ca. 1910 (Neue Sachlichkeit)
Veröffentlichung	Erste Arbeiten Remarques zum Roman ab 1917 im Lazarett (Kriegsverletzung); Vorabveröffentlichung (*Vossische Zeitung*) ab 1928; Erstausgabe 1929
Werkaufbau	12 Kapitel, jeweils optisch unterteilt in kleinere Abschnitte mit Handlungsepisoden
Ort und Zeit der Handlung	Die Jahre 1916 bis 1918 des Ersten Weltkriegs (1914–1918); Westfront und Heimatbesuch des Ich-Erzählers
Rezeption sowie Adaption	Bereits mit der Vorabveröffentlichung werden erste Kontroversen deutlich; bedingt durch die unaufgearbeitete Traumatisierung der Gesellschaft infolge des Krieges und die politische Radikalisierung in der Weimarer Republik. Der Roman wird schnell zum nationalen und internationalen Bestseller. Drei Verfilmungen und zahlreiche Adaptionen in Theateraufführungen oder als Hörspiel sowie der anhaltende Einfluss auf den Kunstbetrieb zeugen von der Bedeutung des Romans als Weltliteratur.

Großes Interesse am Film

Bereits wenige Tage nach Veröffentlichung der ersten Trailer zur Neuverfilmung des Romans *Im Westen nichts Neues* unter der Regie von Edward Berger (2022) wurde die Zahl der Kommentare beim Anbieter Youtube vierstellig. Das gelingt nur Produktionen, die weltweit große Erfolge feiern. Hunderte der Kommentare beziehen sich auf den Roman selbst, würdigen ihn als Meisterwerk, beschreiben die intensive Lektüre und dass es nicht möglich gewesen sei, den Roman zur Seite zu legen. Andere bringen die Hoffnung zum Ausdruck, dass der Film dem Roman gerecht werde.

Gesellschaftspolitische Motive?

Manche Kommentatoren offenbar deutscher Herkunft sehen es aus einer mutmaßlich politisch geprägten Motivation heraus als wichtig an, dass auch die (wie es in den Kommentaren heißt) »deutsche Perspektive« bzw. Wahrnehmung des Krieges gezeigt werde und nicht nur der klischeehafte »böse Deutsche« in den Produktionen Hollywoods. Es finden sich Kommentare aus der Ukraine bzw. ukrainischer Flüchtlinge, die über den Roman und seine Neuverfilmung auf das Kriegsleid des russisch-ukrainischen Konflikts verweisen und dabei erwähnen, dass der Roman Remarques in der Ukraine Schullektüre gewesen sei. Und es gibt Kommentare, die die damalige Generation auf den Schlachtfeldern als im Vergleich zu heute wertvoller behaupten (was auch immer das heißen soll). Die Heroisierung des Krieges von 1914–18, wenn nicht gar seine Verklärung im Jahr 2022, in dem es für eine schier überwältigende Zahl ungelöster Probleme keine Antworten zu geben scheint und die Leute anfangen, sich ihre persönliche Ausflucht aus der beunruhigenden Gegenwart zurechtzulegen, ist in diesen Kommentaren unübersehbar und erinnert in Teilen verblüffend an die Gespräche, die der Ich-Erzähler Paul Bäumer im Roman während seines Heimaturlaubs am Stammtisch mit dem Direktor und seinem Deutschlehrer führt.

Kurzum: Es gibt nicht viele Romane, die so vielen Menschen auch gut 100 Jahre nach ihrem Erscheinen etwas zu sagen haben, als wäre alles ganz neu. Und auch heute hat der Roman wie im Jahr 1929 das Potential, die Menschen in politische Kontroversen zu treiben, wie der Blick in die Kommentare zu den Filmtrailern beweist.

Zeitloser Klassiker

Das Buch erzählt die Geschichte des Oberstufenschülers Paul Bäumer, der mit seinen Mitschülern voller Patriotismus freiwillig in den Krieg zieht und im industrialisierten Massensterben durch Artillerie und Giftgas alle Illusionen verliert. Der tägliche Kampf ums nackte Überleben nimmt ihm die Fähigkeit, sich in der Normalität der eigenen Familie und einer zumindest denkbaren Zeit nach dem Krieg zurechtzufinden. Nach und nach verliert er den einzigen Halt, den er in diesem Inferno hat – Freunde und Kameraden. In den letzten Tagen des Krieges fällt er selbst. Erich Maria Remarque hat mit diesem Roman auf Anhieb den Nerv der Zeit getroffen, indem er eine Sprache fand, die nur wenige Jahre nach Ende des Weltkriegs Millionen aus der Seele sprach oder zum wütenden Widerspruch reizte. Das hält bis heute an. Der folgende Lektüreschlüssel versucht das Werk zu analysieren, die Rezeptionsgeschichte nachzuzeichnen und denkbare Deutungen aufzuzeigen.

2. Inhaltsangabe

Kapitel I

Der Ich-Erzähler beschreibt den seltenen Fall einer geradezu verschwenderischen Versorgung mit Lebensmitteln und anderen Genüssen wie Rauchwaren im Hinterland der Frontlinie nach einem der üblichen 14-tägigen Fronteinsätze. Der Grund hierfür ist folgender: Ein unerwarteter Feuerüberfall der feindlichen Artillerie am letzten Tag hat fast die Hälfte der Einheit vernichtet, die Feldküche wurde nicht rechtzeitig informiert und hat entsprechend die Verpflegung für die volle Einheit zubereitet. Die überlebenden Soldaten erhalten nach einer dringend notwendigen Schlafpause – an der Front ist im Dauerfeuer kaum an Schlaf zu denken – ihr Essen allerdings nicht ohne Weiteres; die Versorgungslage des Heeres ist mit fortdauerndem Krieg schlechter geworden, und es gibt nichts zu verschenken. Nur der zufällig vorbeikommende Kompanieführer kann verhindern, dass die Soldaten dem widerstrebenden Versorgungstrupp gegenüber handgreiflich werden, der sich weigert, die für die komplette Einheit vorgesehene Verpflegung vollständig zu verteilen. Der Offizier befiehlt die Herausgabe, weil die Männer die Nahrung brauchen.

■ Hohe Verluste, unerwartet viel Proviant

Der Ich-Erzähler Paul Bäumer stellt einen enger befreundeten Kreis aus drei weiteren 19-Jährigen (Kropp, Leer, Müller), Schüler wie er selbst, und vier Arbeitern und Handwerkern (Tjaden, Haie Westhus,

■ Vorstellung der wichtigsten Figuren

Detering, Katczinsky) vor. Sie alle blicken zum 40-jährigen Katczinsky (kurz: Kat) auf, der ihnen beigebracht hat, wie man an der Front überleben kann (dies wird in den Folgekapiteln deutlich). In einer nächsten Szene wird erzählt, wie die Männer sich mit selbst zusammengebastelten, mobilen Latrinenkästen in einer blühenden Wiese hinhocken und für eine längere Zeit ohne Scheu voreinander Skat spielen. Sie zeigen sich erfinderisch, um dem harten Kriegsalltag noch die kleinsten Freuden abzugewinnen.

■ Der sterbende Kamerad Franz

Allerdings gilt es auch, verletzte Kameraden zu besuchen. Einer von ihnen, Franz Kemmerich, wurde schwer verwundet. Ein Bein musste amputiert werden und alles deutet darauf hin, dass er im Sterben liegt. Kemmerich hat noch nicht mitbekommen, dass eines seiner Beine amputiert wurde. Er möchte deshalb Müller sein gutes Paar Stiefel nicht aushändigen. Die Freunde überreden einen Sanitäter, dem Verwundeten Morphium gegen die Schmerzen zu geben. Als sie gehen, regen sie sich vor der Baracke über einen Brief ihres Lehrers Kantorek auf, in dem er sie als die eiserne Jugend bezeichnet, obwohl sie sich zermürbt fühlen.

Kapitel II

■ Der Krieg als Einschnitt

Der Ich-Erzähler macht sich Gedanken über das Unabgeschlossene, das sie alle als mittlerweile Zwanzigjährige prägt. Daheim liegt die Schullektüre, die zum Zeitpunkt des Aufbruchs in den Krieg gelesen wurde, und im Vergleich zur Elterngeneration ist das eigene Leben noch nicht in die Halt gebenden Routinen von Beruf und Familie geführt worden. Man kenne nur etwas Schwärmerei und verfüge über wenig Erfahrungen abgesehen von denen des Krieges. Anschließend entschuldigt er Müllers Absicht, sich die Stiefel Kemmerichs sichern zu wollen. Es ist schließlich eine nüchterne Tatsache, dass ihm – im Gegensatz zum verwundeten Kameraden – die Stiefel noch etwas nutzen. Würde Kemmerich die Stiefel noch gebrauchen können, ginge Müller für seinen Kameraden sogar barfuß über Stacheldraht.

■ Stiefel als Symbol

In einem Rückblick beschreibt der Ich-Erzähler dann die Zeit der Grundausbildung nach der freiwilligen Meldung zum Fronteinsatz. Den romantisch-patriotischen Enthusiasmus haben sie alle schnell verloren. Der Unteroffizier Himmelstoß, in Friedenszeiten Briefträger, hat sie mit schikanösen Maßnahmen dazu getrieben, die eigene Persönlichkeit aufzugeben und nicht nach dem Sinn hinter dem Drill oder den stupiden Strafen zu fragen. Als Himmelstoß den stillen Trotz der vier Oberstufenschüler bemerkt hat, ließ er keine Gelegenheit aus, sie zu demütigen. Den Ich-Erzähler ließ er beispielsweise mit Handschaufel und Handbesen im Winter Schnee räumen, bis ein höherer Offizier das wütend beendete. Die jungen Männer versuchten, unauffällig Widerstand zu leisten, was die Situation verschlimmerte. Allerdings zeigt sich der Ich-Erzähler Paul überzeugt, dass diese Zeit sie letztlich doch auf die Härte des Stellungs-

■ Schikanöse Grundausbildung

kriegs vorbereitet hat und die nötige Rohheit, Misstrauen und Vorsicht förderte, aber auch Zusammenhalt und Kameradschaft.

Paul schildert nach dem Rückblick auf die Grundausbildung die letzten Stunden des verletzten Kameraden Franz Kemmerich im Lazarett. Sein körperlicher Verfall ist jetzt auch Franz selbst bewusst. Wehmütig spricht er darüber, wie das Leben hätte eigentlich aussehen können. Die Versuche Pauls, ihn aufzumuntern, sind vergebens; er sagt schließlich, Müller möge seine Stiefel bekommen und bittet, dass seine ihm im Lazarett gestohlene Uhr, falls sie wiedergefunden werde, seiner Familie geschickt wird.

■ Genaue Beobachtung des Sterbenden

Paul schaut verzweifelt dem Sterbenden zu und denkt darüber nach, dass dieser Anblick der Welt gezeigt werden müsste. Als Franz schließlich röchelt, läuft Paul los, einen Sanitäter zu holen, doch Franz ist inzwischen gestorben. Der Sanitäter bittet den Ich-Erzähler, die Habseligkeiten des Toten schnell mitzunehmen, da das Bett für die vielen Verletzten gebraucht werde. Paul kehrt zu seinen Kameraden zurück. In der Ferne ist der Kampf zu hören. Er gibt Müller die Stiefel, die ihm gut passen.

Kapitel III

■ Nachschub wegen der hohen Verluste

Die hohen Verluste werden mit Soldaten ersetzt, die noch jünger sind als die Kameraden um Paul.

Katczinsky kommt hinzu und befragt einen der jüngsten Soldaten nach der Ernährung. Der berichtet, man habe praktisch nur Lebensmittel aus Steckrüben bekommen. Katczinsky führt den Jungen etwas beiseite und spendiert ihm einen gehaltvollen Bohneneintopf mit Fleisch, den er wie so oft auf unerklärliche Weise hat besorgen können. Er erinnert den Jungen daran, in Zukunft eine kleine Gegengabe in Form von Zigaretten bekommen zu wollen, und lässt ihn dann aber doch umsonst zugreifen. Paul beschreibt anschließend die geradezu übersinnlichen Fähigkeiten Katczinskys oder Kats, wie er ihn liebevoll nennt, überall etwas Nützliches aufzutreiben, ob es nun Lebensmittel, Holz oder Gewürze sind.

Katczinskys Erfahrungen

Anschließend erzählt Paul von einer Diskussion, in der es kritisch um die Frage geht, wie der Krieg zu beenden sei. Katczinskys Ansicht, der Krieg wäre bei gleicher Bezahlung und gleicher Verpflegung bereits beendet, führt zu anderen Vorschlägen und schließlich zu Anekdoten, die den obrigkeitsstaatlichen Charakter der Armee des Kaiserreichs illustrieren und die Ursachen dafür ergründen. Der bedingungslose Gehorsam gegenüber den Vorgesetzten zeigt sich in mitunter absolut sinnlosen Strafmaßnahmen, die die Soldaten über sich ergehen lassen.

Kritik unter den Soldaten

Schließlich wird rückblickend beschrieben, wie sich die Freunde an ihrem besonders schikanösen Ausbilder Himmelstoß gerächt haben. Sie lauerten ihm auf, stülpten ihm ein Tuch über den Kopf und verprügelten ihn unerkannt.

Rache an Himmelstoß

Kapitel IV

Schanzarbeiten und Gefahren

Pauls Einheit muss zu Schanzarbeiten an die Front. Die erfahrenen Soldaten ertragen den Artilleriebeschuss während der Fahrt nach vorne, die Neuen nicht. Katczinsky ahnt, dass es in der Nacht schweres feindliches Feuer geben wird. Paul denkt daran, wie der Mensch an der Front vertiert und sich auf der Suche nach Deckung in die Erde und den Dreck einwühlt. Der Erde verdanke der Soldat, dass er überlebe. In der Nacht scheint der Mond und taucht die Landschaft in ein schummriges, fast idyllisches Licht. Je näher die Soldaten der Front kommen, desto heller wird es durch die laufend verschossenen Leuchtraketen. Die Verlegung des Stacheldrahts ist im Dauerfeuer gefährlich, und schließlich wird die Einheit voll erfasst.

Angst, Tod und grauenvolle Bilder

Ein junger Soldat verliert die Nerven und sucht bei Paul wie ein Kind Schutz. Dass er sich dabei vor Angst in die Hose macht, ist ihm hinterher peinlich; Paul hingegen ist bereits abgestumpft und rät ihm, die Unterhose einfach wegzuwerfen. Es gibt Verluste in der Einheit und unter den Zugpferden. Das Geschrei der verletzten Tiere zerrt an den Nerven, vor allem der Bauer Detering möchte das Leiden der grauenvoll verletzten Tiere mit Gnadenschüssen beenden. Die Männer sind vor Entsetzen in Schweiß gebadet, bis endlich das letzte Pferd erlöst ist. Detering kommt nicht darüber weg, dass die Tiere mit in den Krieg hineingezogen werden.

Auf dem Weg zurück gerät die Einheit erneut unter

schweres Artilleriefeuer. Paul beschreibt, wie die Männer regelrecht durch die umherfliegenden Erdmassen begraben oder selbst durch nahe Einschläge hochgeworfen werden. Sie müssen auf einem Friedhof in Deckung gehen. Auf einmal stellt Katczinsky fest, dass Gasgranaten verschossen wurden. Manche schaffen es nicht rechtzeitig, die Gasmasken aufzusetzen, die unerfahrenen Soldaten reagieren ungeschickt und ein weiterer kurzer, aber schwerer Beschuss wühlt den Friedhof um. Überall liegen Särge und Leichen.

Artillerie und Gas

Katczinsky würde am liebsten einen Schwerverletzten durch einen Schuss aus dem Revolver erlösen, doch es gibt Zeugen; schließlich werden die Überlebenden auf Fahrzeuge verladen und im einsetzenden Regen zurückgebracht.

Leid der Verletzten und Lebenden

Kapitel V

Während die Männer damit beschäftigt sind, sich so gut es geht von den Läusen zu befreien, bekommen sie mit, dass Himmelstoß zu ihnen strafversetzt wurde, weil er den Sohn eines Politikers schikaniert hat. Sie unterhalten sich über ihre Pläne für die Zeit nach dem Krieg bzw. darüber, was sie machen würden, wenn auf einmal Frieden wäre. Die Wünsche reichen von sauberen Betten und Frauen bis hin zu bestimmten Berufswünschen.

Eine Zukunft nach dem Krieg?

Auf einmal kommt Himmelstoß zu ihnen. Er ist selbst etwas verlegen, weil er weiß, wie sehr ihn die Männer eigentlich hassen. Die reagieren auch respektlos, obwohl Himmelstoß im Rang über ihnen steht. Besonders Tjaden beleidigt ihn ganz offen. Außer sich geht Himmelstoß, um den Vorfall zu melden. Die Freunde unterhalten sich weiter über die Schulzeit und fangen an, ihren Lehrer Kantorek zu parodieren. Himmelstoß kommt mit einem Offizier zurück, um Tjaden bestrafen zu lassen, doch der wurde von seinen Freunden gewarnt und ist verschwunden. Es kommt zu weiteren verbalen Ausfälligkeiten zwischen den Freunden und Himmelstoß. Während der folgenden Untersuchung berichtet Paul von den Schikanen in der Grundausbildung, weshalb der Offizier Verständnis für die Freunde zeigt, nur eine milde Strafe verhängt und Himmelstoß maßregelt.

■ Streit mit Himmelstoß

In der folgenden Episode erzählt Paul, wie er mit Katczinsky zwei Gänse stiehlt, was trotz der Gefahren gelingt. Die beiden verbindet eine besonders enge Freundschaft. Sie bereiten die Gänse zu, essen und nehmen den anderen aus ihrer Gruppe kameradschaftlich etwas mit.

■ Enge Freunde

Kapitel VI

Gerüchte über eine Feindoffensive machen die Runde; die Einheit wird an die Front verlegt. Auf dem Weg kommen sie an bereitgestellten Särgen vorbei, was die Stimmung drückt und für Galgenhumor sorgt. Paul macht sich bei der Warterei im Unterstand Gedanken über den Zufall, der ihm bereits das Leben rettete, anderen aber nicht. Auch gilt es, sich der Rat-

■ Dritte Flandernschlacht

Abb. 1: Die Dritte Flandernschlacht. Krankenträger waten durch den Schlamm – Quelle: Sammlung des Imperial War Museums

ten zu erwehren, die die ohnehin kargen Rationen wegfressen und listig alle Schutzvorkehrungen umgehen. Die Neuen werden von den Erfahreneren auf die für den Grabenkrieg geeigneteren Waffen hingewiesen, z. B. wird geraten, im Nahkampf einen Spaten zu verwenden anstatt des Bajonetts.

Dann setzt das feindliche Artilleriefeuer ein. Über drei Tage dauert das Inferno an, zerstört große Teile der Stellungen und tötet zahlreiche Männer; immer wieder erleidet jemand einen Nervenzusammenbruch und droht vor Angst wahnsinnig zu werden. Als der Angriff der Franzosen erfolgt, leisten die Deutschen erbittert Widerstand und beide Seiten ge-

Ein Inferno

raten im Nahkampf in einen Blutrausch. Über Tage wogt die Schlacht und auf jeden irgendwie abgewehrten Angriff erfolgt ein Gegenangriff. Paul beschreibt grausame Szenen und schlimmste Verwundungen. Auch Himmelstoß verliert kurzzeitig die Nerven, versucht sich zu verstecken und wird von Paul mit Tritten und Beschimpfungen zum Kampf gezwungen. Als die ausgeblutete Einheit schließlich zurückverlegt wird, haben von den 150 Mann nur 32 überlebt. Auch Haie Westhus liegt im Sterben. Der Angriff der Franzosen wurde abgewehrt und nur wenige hundert Meter Boden wurden preisgegeben.

Kapitel VII

■ Aussöhnung mit Himmelstoß

Die Kameraden söhnen sich mit Himmelstoß aus, der sich durch die Schlacht tiefgreifend verändert hat und sich nun als einer unter ihnen zeigt. Alle versuchen auf ihre Weise, das Geschehen zu verarbeiten. Eines Tages sehen die Freunde ein Werbeplakat des Fronttheaters mit einer attraktiven Frau, was sie über ihre Verdrecktheit und Sexualität nachdenken lässt. Sie beschließen, sich der Entlausungsprozedur zu unterziehen.

■ Liebe im Krieg: drei Französinnen

Als sie abends einmal in einem Fluss schwimmen, treffen sie auf drei Französinnen. Mit ein paar Brocken auf Französisch und viel Gestik überwinden sie die Sprachbarrieren, und beide Seiten scheinen das Kriegselend mit körperlicher Nähe wenigstens eine Weile verdrängen zu wollen. Die Männer versprechen den hungrigen Frauen etwas Nahrung, und man verabredet sich abends trotz der Wachen in der Gegend zu einem Stelldichein in einem abgelegenen Haus. Für einige Stunden genießen alle Zärtlichkeit und den Gedanken, keine verfeindeten Nationen zu sein.

Paul bekommt bald darauf Heimaturlaub zugesprochen. Er tritt die Reise mit gemischten Gefühlen an.

■ Entfremdete Heimat: Fronturlaub

Zuhause angekommen, erfährt er, dass seine Mutter schwer erkrankt ist. Er sieht überall Zeichen der Knappheit und stellt fest, dass er sich nicht mehr in der Heimat zurechtfindet. Die neugierigen Fragen, wie es an der Front sei, kann er nicht beantworten, weil es ihm schwerfällt, die rechten Worte zu finden.

Paul begegnet Leuten, die trotz der verzweifelten Lage immer noch an der Obrigkeitsmentalität der Vorkriegszeit festhalten oder Heldenphrasen dreschen, ohne an der Front gewesen zu sein. Er trifft einen alten Klassenkameraden, der ihren alten Lehrer Kantorek ausbildet und ihn spüren lässt, wie hohl dessen Hurra-Patriotismus mittlerweile klingt. Kurz vor seiner Abfahrt überbringt er noch der Mutter von Franz Kemmerich die Todesnachricht ihres Sohnes und fährt schließlich nach einem schweren Abschied von der eigenen Mutter im Gefühl weg, dass er besser hätte nie auf Urlaub fahren sollen.

■ Stammtischparolen und Trauer

Kapitel VIII

Paul tritt zunächst seinen Dienst in einem Ausbildungslager an. In der Nachbarschaft ist ein Lager mit russischen Kriegsgefangenen, deren erbärmlicher An-

■ Todkranke Mutter, Mitleid mit den Gefangenen

blick Paul zum Nachdenken bringt. Er gibt ihnen heimlich zu essen. Schließlich erhält er noch Besuch von seinem Vater und seiner Schwester. Bevor er zurück an die Front muss, erfährt er, dass seine Mutter wegen ihrer Krebserkrankung inzwischen im Krankenhaus liegt.

Kapitel IX

Paul erfährt, dass seine Einheit inzwischen zur mobilen Reserve gehört, die an gefährdeten Frontabschnitten eingesetzt wird. Da der Kaiser einen Frontbesuch zur Aufmunterung der Truppen plant, laufen die Vorbereitungen für den Empfang. Paul ist enttäuscht vom Anblick des Kaisers; es kommt anschließend unter den Soldaten zu systemkritischen Gesprächen bzw. Zweifeln am Sinn des Krieges. Bald darauf müssen die Soldaten wieder an die Front; die Hoffnung, nach Russland verlegt zu werden, wo die Kämpfe inzwischen vorbei sind, erfüllt sich nicht.

■ Frontbesuch des Kaisers

■ Erneute kritische Gespräche

Sie kommen an einem völlig zerschossenen Wald vorbei, wo nach einem Minenangriff überall grauenvoll zerfetzte Leichenteile liegen. Während einer Patrouille im Anschluss verliert Paul in der Dunkelheit die Übersicht und muss tagelang im starken feindlichen Feuer der vorrückenden Gegner in einem Trichter in Deckung bleiben.

■ Zerfetzte Leichen

Auf einmal fällt ein Franzose in seinen Trichter. Paul ersticht ihn, um unentdeckt zu bleiben. Er wird Zeuge des langsamen Sterbens, was er umso mehr

■ Trichterepisode

bedauert, weil er anhand der Fotos und Papiere des Franzosen einen persönlichen Bezug aufbaut. Schließlich gelingt es Paul, doch noch aus dem Niemandsland zu entkommen.

Kapitel X

Die Kameraden bewachen ein Dorf, in dem es reichlich Vorräte gibt. Sie lassen es sich in jeder Hinsicht gut gehen, geraten aber doch noch unter Beschuss. Dabei werden Albert Kropp und Paul verletzt. Die Scham vor den Krankenschwestern legen beide schnell ab. Da sie in die Heimat verlegt werden, muss sich Paul erfinderisch zeigen, um bei Albert zu bleiben, dessen Zustand sich immer mehr verschlechtert. Ihm muss schließlich das Bein amputiert werden. Im katholischen Hospital gibt die Menge der Verwundeten einen Hinweis auf die schier überwältigenden Verluste; viele davon sind schlimm verunstaltet oder sterben schließlich. Es kommt zu traurigen Szenen. Paul muss nach einigen Wochen schließlich wieder an die Front.

■ Kurzes Glück und Verletzung

Kapitel XI

Dort ist die Überlegenheit der Alliierten erdrückend. Die eigenen Truppen sind schlecht versorgt, und es fehlt an allem. Nach und nach fallen die Freunde von Paul. Detering beispielsweise desertiert, weil er sich Sorgen um seinen Bauernhof und seine Familie

■ Erdrückende Überlegenheit, Tod der Freunde

macht, wird aber aufgegriffen und vermutlich als Deserteur hingerichtet. Schließlich wird auch Pauls bester Freund Katczinsky schwer verwundet. Paul versucht verzweifelt, ihn zurück in ein Lazarett zu tragen. Mit letzter Kraft erreicht er die Sanitäter, nur um festzustellen, dass Katczinsky noch einen weiteren Treffer erhielt und kurz vorher gestorben ist. Paul ist danach innerlich gebrochen.

Kapitel XII

Den Verlust seines besten Freundes kann Paul nicht verkraften; er selbst ist der letzte Überlebende der Freunde. Die Gespräche über den wohl bald stattfindenden Friedensschluss bedeuten ihm nichts mehr, auch die Unruhe unter den Soldaten nicht oder die blühende Natur im Sommer. Paul denkt darüber nach, dass er mit denen, die überleben sollten, einer entwurzelten Generation angehört, die abgelöst werden wird von einer anderen. In einem kurzen Nachtrag eines anderen Erzählers als des Ich-Erzählers Paul wird dessen Tod im Oktober 1918 berichtet. Der Tag sei ruhig gewesen, und im Heeresbericht habe es geheißen, dass im Westen nichts Neues zu vermelden sei. Das Gesicht des Toten habe beinahe zufrieden gewirkt.

■ Im Westen nichts Neues: Paul stirbt

3. Figuren

Mit den Freunden und Kameraden um den Ich-Erzähler Paul Bäumer steht hauptsächlich die Generation an der Schwelle zum Erwachsenwerden im Vordergrund. Paul ist mit sieben Mann aus seiner Klasse (S. 257) freiwillig in den Krieg gezogen. Mit dreien (Albert Kropp, Müller, Leer) verbindet ihn eine enge Freundschaft (S. 8). Die vier sind zu Beginn der Erzählung 19 Jahre alte Schüler der Oberstufe und würden in Friedenszeiten unmittelbar vor dem Abitur stehen (S. 9). Die anderen vier des engen Freundes- und Kameradenkreises (Haie Westhus, Detering, Tjaden, Katczinsky) sind gleichfalls mehrheitlich jung, kommen wohl aus Friesland (S. 26), sind aber Arbeiter und Handwerker; Katczinsky ist mit seinen 40 Jahren die väterlich erscheinende Ausnahme.

■ An der Grenze zum Erwachsensein

Der Krieg ebnet damit alle potentiellen Vorteile eines besseren Bildungsabschlusses ein und verdeutlicht den Wert von Kameradschaft. Dass hier und da jemand auftaucht, der meint Hierarchien durch sein Auftreten betonen zu müssen, steht im Dienst der noch zu erläuternden Textaussagen (vgl. Kapitel 6 »Interpretationsansätze«) und greift das Prinzip von Gegensätzen innerhalb der Figurenwelt auf. Remarque hat, wenn auch exemplarisch, die Gesellschaft des Kaiserreiches angedeutet; zumal immer wieder auch andere Personen auftauchen und durch ihren gesellschaftlichen Stand das Figurenensemble ergänzen. Diese Gesellschaft war bereits in der Zeit vor dem

■ Der Krieg macht alle gleich?

Krieg von Gegensätzen und Unduldsamkeit gegenüber Andersdenkenden geprägt. Der »eiserne Kanzler« Bismarck (1815–1898) sprach mit Blick auf überzeugte Katholiken und Sozialdemokraten von sogenannten ›Reichsfeinden‹.

Nur vorübergehend einig

Mit dem ›patriotischen Erweckungserlebnis‹ (eine bereits zeitgenössische Bezeichnung für die patriotische Kriegsbegeisterung) zu Beginn des Krieges konnte man parlamentarisch nur für etwa die erste Hälfte des Krieges einen gewissen Zusammenhalt aushandeln.[1] Angesichts der hohen Verluste und der wiederholt unrealistischen militärischen Planungen wuchs die Verbitterung in Heer, Marine und Bevölkerung. Der Roman nimmt diese Situation der Jahre 1916–18 auf. Der Krieg wird als gesamtgesellschaftliche Anstrengung dargestellt, die alle aus dem gewohnten Leben herausreißt und über die Erfahrungen des Leids, des Drecks und der Entbehrungen menschliche Extreme vor Augen führt. Aus diesem Grund dürften die vielen Namen für die vielen Schicksale im Krieg stehen.

Paul Bäumer

Ein nachdenklicher Gymnasiast

Der Ich-Erzähler ist zu Beginn des Romans, man schreibt das Jahr 1917, 19 Jahre alt (S. 9). Paul kommt aus einer Familie mit mehreren Kindern (S. 141). Über sein Aussehen erfährt man kaum etwas. »Ein sonnen-

1 Vgl. Ulf Dirlmeier [u. a.], *Deutsche Geschichte*, Stuttgart 2013, S. 337 ff.

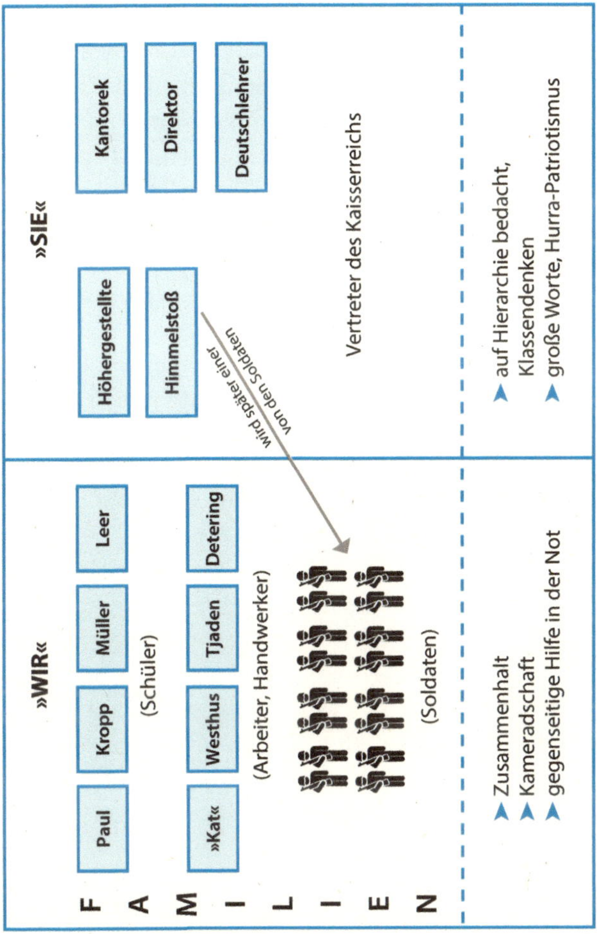

Abb. 2: Figurenkonstellation

verbrannter, etwas ausgewachsener Konfirmand sieht mich da verwundert an« (S. 147), sagt er sich bei der Betrachtung seines Spiegelbilds während des Heimaturlaubs. Paul ist ein intelligenter junger Mann mit hintergründigem Humor, und gleich zu Beginn des Romans wird deutlich, dass ihn die Zeit an der Front gründlich verändert hat; er steht seit dem Jahr 1916 im Feld.

■ Schlechte Erfahrungen mit kleinen Männern

Er blickt mit Sarkasmus auf das Geschehen. »Es ist übrigens komisch, daß das Unglück der Welt so oft von kleinen Leuten herrührt« (S. 15), meint er, als er über den Klassenlehrer Kantorek nachdenkt, dessen Statur der des gehassten Unteroffiziers Himmelstoß gleicht. Beide bringt er durch diese Anspielung vermutlich mit Napoleon in Beziehung.[2]

■ Tief enttäuscht vom eigenen Lehrer

Paul erklärt seine Desillusionierung bzw. Enttäuschung gleich zu Beginn des Romans, als Kropp die Grüße ihres Lehrers in einem Brief übermittelt und die Reaktion aller (»Wir lachen«, S. 15) mit der kurzen Bemerkung Müllers einhergeht, er wollte, »der wäre hier« (S. 15). Das gibt Paul das Stichwort, in einer kurzen Analepse (Rückblende) den Lehrer Kantorek vorzustellen, der sie so lange »mit ergriffener Stimme« (S. 16) im Unterricht zur freiwilligen Meldung für den Kriegseinsatz antrieb, bis die geschlossene Klasse antrat. Dass Kantorek selbst trotz seiner pathetischen Frage »Ihr geht doch mit, Kameraden?« (S. 16) nicht in

2 Der Napoleon-Komplex, auch als Short-Man-Syndrom bekannt, ist ein Begriff des österreichischen Psychoanalytikers Alfred Adler.

den Krieg zog, führte bei den Jungen und natürlich Paul zu einer kritischen Sicht auf ihre ehemaligen Vorbilder. Sarkastisch bewertet Paul »diese Erzieher« im Grunde als Maulhelden in der sicheren Heimat, die »ihr Gefühl« (S. 16) in der Westentasche parat halten und stundenweise austeilen würden. »Es gab ja Tausende von Kantoreks, die alle überzeugt waren, auf eine für sie bequeme Weise das Beste zu tun« (S. 17), schlussfolgert er.

Desillusionierung

Im Rückblick gibt er den »armen und einfachen Leute[n]« recht, die den Krieg gleich als Unglück begriffen hatten, »während die bessergestellten« (S. 16) den Charakter des modernen Krieges in ihrer patriotischen Begeisterung vollständig verkennen würden. Der Bemerkung Katczinskys, »das käme von der Bildung, sie mache dämlich« (S. 16), pflichtet Paul bei. Der 19-Jährige hinterfragt verbittert den Sinn der bisherigen schulischen Anstrengungen, die der Krieg wie alles andere auch über den Haufen wirft (vgl. auch S. 78). Dabei hat Paul die Klassiker der Literatur nicht nur gewissenhaft studiert, sondern ihren Wortgehalt der Ausgaben aus erkennbarer Liebe zum geschriebenen Wort geprüft (S. 153). An eine bessere Einsicht der älteren Generation im Allgemeinen und der Lehrer im Besonderen können Paul und seine Freunde jedenfalls nicht mehr glauben (S. 17).

Das Wir-Gefühl an der Front

Aus dem Fronterlebnis ist ein Wir-Gefühl der Soldaten gewachsen, die sich in ihrer Desillusionierung und im Versuch zu überleben aneinanderklammern: »Das erste Trommelfeuer zeigte uns unseren Irrtum, und unter ihm stürzte die Weltanschauung zusammen, die sie uns gelehrt hatten« (S. 17). Folglich verwendet Paul als Ich-Erzähler häufig das Personalpronomen »wir« für seine Schilderungen und hält über die komplette Erzählhandlung hinweg an einer sozialkritischen Gegenüberstellung der Soldaten einerseits und »ihnen« andererseits fest. Gemeint sind damit diejenigen, die nicht an der Front sind und überdies kritische Bemerkungen der Frontsoldaten stigmatisieren würden: »Wir wurden darum keine Meuterer, keine Deserteure, keine Feiglinge – alle diese Ausdrücke waren ihnen ja so leicht zur Hand –, wir liebten unsere Heimat genau so wie sie« (S. 17). Aber im Schützengraben sei jeder allein und müsse damit fertig werden.

Bedingungslose Kameradschaft

Paul ist im Alltag, wie die anderen auch, bedingungslos kameradschaftlich. Auch wenn er Hunger hat, denkt er stets an die anderen. So bringt er vom Heimaturlaub einiges zu essen mit (»damit sie auch etwas haben«, S. 178) oder geht in den Zeiten des allgemeinen Mangels auch für die anderen das Risiko des Mundraubs ein, wie die Episode mit dem Gänsediebstahl beweist, bei der er es mit einer Dogge zu tun bekommt (S. 84–89). Mitunter sind es stille Gesten, die ihn auszeichnen: »Die beiden äußeren Puffer sind angeschimmelt, man kann sie aber noch essen. Ich nehme sie für mich und gebe die frischeren Kat und Kropp« (S. 178). Auch den russischen Kriegsgefangenen spendiert er von den für ihn liebevoll zubereiteten Kartoffelpuffern seiner kranken Mutter

(S. 176) und zeigt damit Mitgefühl sowie menschliche Größe.

Dass Paul sich mit seinem Sinneswandel in mehr oder weniger stiller Opposition zu den störrischen Vertretern der alten Ordnung des Kaiserreichs bewegt, die es fertigbringen, in der Extremsituation des Abnutzungskrieges mit Millionen Opfern als Vorgesetzte immer noch Bestrafungsrituale wegen eines nachlässigen Grußes zu verordnen, liegt auf der Hand. Er vermag sich zu beherrschen, wenn sich eine Mutprobe im Konflikt mit einem Major nicht lohnt (S. 146 f.), verhält sich aber solidarisch mit den anderen, wenn es gilt, einen Freund zu schützen (S. 81–84). Er wird sogar handgreiflich gegenüber dem Unteroffizier Himmelstoß, als die Freunde ihn im Schutz der Nacht wegen seiner boshaften Schikanen durchprügeln (S. 45–48), später zwingt ihn Paul an der Front regelrecht mit Tritten, ihnen allen beim Angriff ins feindliche Feuer zu folgen (S. 119 f.).

Oppositionshaltung

Er übernimmt in seiner Kameradschaft auch die alles andere als leichte Aufgabe, seinen Freunden im Sterben zur Seite zu stehen: »Ich sitze am Bette Kemmerichs. Er verfällt mehr und mehr« (S. 30). Dabei findet der scharfe Beobachter des Leids (»Seine Lippen sind weggewischt, sein Mund ist größer geworden, die Zähne stechen hervor, als wären sie aus Kreide. Das Fleisch zerschmilzt, die Stirn wölbt sich stärker, die Backenknochen stehen vor. Das Skelett arbeitet sich durch.«, S. 31) zu einer Reife, die sein Alter bei weitem übersteigt. Er versucht, seinen sterbenden

Genaue Beobachtung des Sterbens

Freund aufzumuntern (»Franz, du mußt essen. Essen ist die Hauptsache.«, S. 31), ihm irgendwie Hoffnung zu geben (»Es gibt jetzt großartige Prothesen, du merkst damit gar nicht, daß dir etwas fehlt.«, S. 31), und weicht ihm nicht von der Seite (»Eine Stunde vergeht. Ich sitze gespannt und beobachte jede seiner Mienen«, S. 33).

Auch die Aufgabe, der bereits vor der Abreise an die Front völlig aufgelösten Mutter von Kemmerich (»immer wieder ergriff sie meinen Arm und flehte mich an, auf Franz draußen achtzugeben«, S. 19) die Todesnachricht ihres Sohnes persönlich zu überbringen, nimmt Paul an, auch wenn er es vor sich herschiebt. Diese Begegnung dürfte zum Schwersten zählen, was ein Mensch ertragen muss: »Man kann das nicht niederschreiben. Diese bebende, schluchzende Frau, die mich schüttelt und mich anschreit: ›Weshalb lebst du denn, wenn er tot ist!‹« (S. 162). Paul selbst weiß, dass die zweijährige Fronterfahrung ihn und die anderen hat reifen und altern lassen, als wäre er einem biologischen Zeitraffer ausgesetzt gewesen (»Wir sind verlassen wie Kinder und erfahren wie alte Leute«, S. 111).

Andere Belastungen

In seiner kameradschaftlichen Treue verlässt er seine Freunde anlässlich seines Heimaturlaubs nur mit gemischten Gefühlen (S. 137 f.). Er fragt sich, ob er sie wiedersehen werde. Nach dem Heimaturlaub – zurück an der Front und in Gedanken an seine Mutter – gesteht er sich ein: »Fast könnte ich weinen. Ich kenne mich selbst nicht mehr. Doch es wird schon wieder besser werden, hier mit Kat und Albert und den übrigen. Hier gehöre ich hin« (S. 178). Er entwickelt insbesondere zu Katczinsky eine geradezu brüderliche Zuneigung: »So sitzen wir uns gegenüber, Kat und ich [...]. Wir reden nicht viel, aber wir sind voll zarterer Rücksicht miteinander, als ich mir denke, daß Liebende es sein können« (S. 87). Der Wille, füreinander ins Feuer zu gehen, lässt die Soldaten wiederholt keine Gefahren scheuen und gibt ihnen die Gewissheit, dass sie sich umeinander kümmern werden (S. 113). Als Paul während einer Patrouille vorübergehend verschollen ist, erkennt er schließlich seine Freunde im Suchtrupp an ihren Stimmen und stellt fest: »Sie sind mehr als mein Leben, diese Stimmen, sie sind mehr als Mütterlichkeit und Angst, sie sind das Stärkste und Schützendste, was es überhaupt gibt; es sind die Stimmen meiner Kameraden« (S. 188).

■ Ersatzfamilie

Der Krieg führt bei Paul somit zur Entfremdung von Heimat und Familie; die Kameraden werden zur Ersatzfamilie. Der Heimaturlaub wird deshalb zur Enttäuschung. Auch wenn Paul im ersten Moment des Wiedersehens seiner Familie vor Rührung nicht reden kann (S. 142), wird schnell deutlich, dass er sich stark verändert hat: »Ich finde mich hier nicht mehr zurecht, es ist eine fremde Welt« (S. 151). Paul scheint mehr an seiner Mutter zu hängen als an den anderen Familienmitgliedern. In den von ihm beschriebenen Episoden des Heimaturlaubs (Kapitel VII, S. 138–166) nehmen die Gespräche mit der Mutter den breitesten Raum ein, während die Gespräche mit der Schwester

■ Konsequenzen des Krieges

bzw. dem Vater deutlich weniger Seiten füllen.[3] Dennoch ist er sich am Ende des Heimaturlaubs sicher: »Ich hätte nie auf Urlaub fahren dürfen« (S. 166).

Tiefgreifende Veränderung

Während der erste Heimaturlaub im Jahr 1916 deutlich angenehmer verlief, wie sich Paul erinnert, da er mit seinen Freunden in ruhigeren Frontabschnitten gelegen (S. 151) und vergleichsweise unbeschwert hat heimfahren können, sind die Erfahrungen des Jahres 1917 in den furchtbaren Kämpfen der Region um Langemark und Bixschoote bzw. der Dritten Flandernschlacht so einschneidend, dass sich Paul schwertut zu reden und lieber für sich ist. »Am liebsten bin ich allein, da stört mich keiner« (S. 151), gesteht er sich ein. Er kann es nicht ertragen, dass die Menschen in der Heimat »stets auf dasselbe« zu sprechen kommen und von ihm imposante Heldengeschichten erwarten. »Sie reden mir zu viel« (S. 151), klagt er deswegen. »Die einzige, die nicht fragt, ist meine Mutter«, (S. 148) hält er dankbar fest. Seines Vaters Wunsch, ihm zu erzählen, wie es draußen sei, führt bei Paul dazu, dass sich sein Verhältnis zum Vater ungünstig verändert (»zu ihm schon habe ich kein rechtes Verhältnis mehr«, S. 148). Paul weiß selbst um die Gründe für seine Sprachlosigkeit, wenn es um die Erfahrungen und Dinge des Krieges geht (»ich habe Scheu, daß sie dann riesenhaft werden und sich nicht mehr bewältigen lassen«, S. 148 f.). Der Heimaturlaub, der ja eigentlich Abstand und Erholung sein soll-

3 Paul merkt auf S. 143 an, in der Familie sei man nicht zärtlich miteinander umgegangen.

te, wird durch die Dauerpräsenz des Krieges in den Gesprächen zur Belastung.

Besonders macht ihm ein geselliger Abend zu schaffen, als ihn der ehemalige Deutschlehrer anspricht und mit zum Stammtisch führt, wo sich Paul die Besserwisserei der Daheimgebliebenen anhören muss. Pauls Hinweise werden ignoriert und er kann nur sarkastische Bemerkungen machen, wie beispielsweise über den Direktor: »Er wehrt überlegen ab und beweist mir, daß ich davon nichts verstehe« (S. 150). Pauls Entfremdung von der Heimat ist über die Desillusionierung im Krieg und bezüglich seiner Lehrer nachvollziehbar, die wie der Direktor oder Kantorek große Worte machen und damit Pauls Verbitterung nähren.

■ Verbitterung durch Stammtisch-Helden

In dieser Verfassung ist Paul kaum in der Lage, an die Vergangenheit als Schüler anzuknüpfen und gegebenenfalls seine literarischen Interessen wieder aufzugreifen. Als er allein in seinem Zimmer vor seinen Büchern steht, kann er sich nur wünschen, das Gefühl dieses »heftigen, unbenennbaren Dranges« (S. 154) zu spüren, das ihn beim Lesen für gewöhnlich ereilte. Doch die alte Leidenschaft zur Bücherwelt kann sich nicht einstellen, weil immer wieder die Kriegswirklichkeit in seine Gedanken einbricht (»Mir fällt ein, daß ich zu Kemmerichs Mutter gehen muß«, S. 154). Folglich muss Paul ein bitteres Fazit ziehen: »Langsam stelle ich die Bücher wieder in die Lücken. Vorbei« (S. 156). Der Krieg lässt sich nicht so einfach abschütteln, selbst wenn er vorbei wäre. Das im Vorwort ge-

■ Verlust der Bücherliebe

nannte Ansinnen, über eine Generation zu berichten, die vom Krieg zerstört wurde, bestätigt sich und wird nicht nur einmal erhärtet (vgl. S. 78–81).

Katczinsky

■ Ein väterlicher Freund

Der 40-jährige Katczinsky ist gewissermaßen Mentor und Vaterersatz in einem für die jungen Männer der Einheit. Von Beruf ist er vermutlich Schuster (Paul weiß es selbst nicht genau, S. 37), geht aber in den Augen Pauls als handwerklicher Alleskönner durch. Mit ihm befreundet zu sein habe Vorteile. Besonders gut versteht sich Katczinsky mit Paul, Albert Kropp und auch Haie Westhus (S. 37). Er scheint nahezu übersinnliche Fähigkeiten darin zu haben, Essbares oder Nützliches zu organisieren; selbst in Gegenden, in denen es nichts zu geben scheint (S. 38–40).

■ Erfahrung, Mitgefühl

Als »altes Frontschwein« (S. 41) verfügt er über Erfahrungen, die er an die jungen Leute weitergibt. In der Regel sind es überlebenswichtige Ratschläge: »Das war ein 30,5. Ihr hört es am Abschuß; – gleich kommt der Einschlag« (S. 50); »Es gibt Kattun [schweren Beschuss, S. J.], sage ich euch, ich spüre es in den Knochen« (S. 51); »Kat klopft seine Pfeife aus. ›Es gibt Zunder.‹ Schon geht es los. Wir kriechen weg« (S. 57). Seine nüchterne, ruhige Art strahlt Ruhe aus, auch in den hektischsten Momenten. Als während eines Gefechts ein junger Rekrut schwer verletzt wird und Katczinsky ahnt, dass er sich nur wird quälen müssen, denkt er mit Paul zusammen aus Mitleid daran, den

Mann zu erschießen (S. 67 f.), was er aber wegen möglicher Zeugen unterlässt und auch weiterhin besonnen handelt.

Die enge Freundschaft mit Paul hat, wie bereits erwähnt, einen brüderlichen Charakter. Die beiden verstehen sich ohne weitere Worte: »Ein Blick zu Katczinsky – ein Blick von ihm zurück; wir verstehen uns« (S. 49). Aus diesem Grund riskieren sie auch füreinander ihr Leben, wie beispielsweise die Episode zeigt, als Paul während einer Patrouille tagelang im Dauerfeuer verschollen ist (»Es sind Kat und Albert, die mit einer Zeltbahn losgegangen sind, um mich zu suchen.«, S. 202). Zudem hält Katczinsky zusammen mit dem Ich-Erzähler so gut es geht die Männer beisammen, als sie im mehrtägigen Dauerfeuer der Dritten Flandernschlacht an der Grenze zum Nervenzusammenbruch sind (vgl. Kapitel VI, S. 90–123).

■ Verständnis ohne Worte

Katczinskys geradliniger Charakter geht mit seinen angedeuteten politischen Überzeugungen einher. Während eines Gesprächs über das Verhalten von Vorgesetzten und über den Krieg (S. 40–45) ist er sich sicher: »Gleiche Löhnung, gleiches Essen, – wär der Krieg schon längst vergessen« (S. 41). In der Logik dieser Worte ist der fortgesetzte Krieg das Resultat der Vorzüge, die viele Entscheidungsträger nach wie vor genießen.

■ Oppositionshaltung

Jede Form von Ungleichbehandlung bzw. Privilegierung macht er als Ursache für die Missstände beim Militär aus und vertritt eine aus der Betrachtung der Natur und der dabei gesammelten Erfahrungen be-

Misanthropisches Menschenbild

gründete Weltanschauung. »Und wenn du einem Menschen ein Stückchen Macht gibst, dann geht es ihm ebenso; er schnappt danach. Das kommt ganz von selber, denn der Mensch ist an und für sich zunächst einmal ein Biest« (S. 43). Der Vergleich des Menschen mit einem Tier bzw. Hund ist vor dem Hintergrund der unmenschlichen Kriegserlebnisse natürlich nachvollziehbar. Katczinsky meint, dass die Institution des Militärs der Grundstruktur des Menschen in die Karten spielt. Nur beim Militär kann seiner Meinung nach der mit Macht ausgestattete Offizier die unsinnigsten Befehle erteilen, ohne mit Folgen rechnen zu müssen. Und weil das so sei, bestätige sich der Offizier dadurch immer wieder aufs Neue. Als Mann der einfachen Arbeiter- und Handwerkerschicht hat er dafür kein Verständnis: »Aber es darf keine Schikane werden. Und mach du das mal einem Schlosser oder Knecht oder Arbeiter klar, [...] und das sind doch die meisten hier« (S. 44).

Kritik an Höheren

Mit Blick auf die Spitze des Staates attestiert er vor dem Hintergrund seiner Weltsicht in einem anderen kritischen Gespräch über den Krieg, dass jeder größere Kaiser einen Krieg brauche, sonst werde er nicht berühmt; man könne das in jedem Geschichtsbuch nachprüfen (S. 182). Diese Worte beziehen sich auf Wilhelm II. nach dessen Besuch an der Front und verdeutlichen den Tiefpunkt der Stimmung und die Kriegsmüdigkeit vor allem der letzten Monate des Krieges. Katczinskys Witz über einen Arzt, der bei der Musterung sogar Krüppel an die Front schickt, verdeutlicht seine Oppositionshaltung einmal mehr in einer Zeit, in der die überlegenen Ressourcen der Alliierten das Massensterben absurd erscheinen lassen (S. 247 f.). Katczinskys qualvoller Tod passt ins Bild.

Die anderen Freunde

Die anderen Freunde neben Katczinsky nehmen keinen vergleichbaren Platz ein; am ehesten ist es noch Kropp, der hier auffällt. Ihre Charakterisierung muss in diesem Lektüreschlüssel kurzgehalten werden. Aber auch wenn sie nur gelegentlich in der Handlung auftauchen, obwohl sie mit Paul über eine lange Fronterfahrung verfügen und teils erst kurz vor Kriegsende fallen, sind sie ihm keinesfalls gleichgültig. Die im Verhältnis knappe Nennung der Namen und Schicksale zeugt von den riesigen Verlusten.

Albert Kropp

Mit Albert Kropp verbindet Paul eine tiefe Freundschaft; im Roman wird das durch die vergleichsweise vielen Episoden mit Kropp deutlich. Paul stellt den 19-Jährigen zu Beginn als denjenigen vor, »der von uns am klarsten denkt und deshalb erst Gefreiter ist« (S. 8). Augenscheinlich hat ihm sein Intellekt das Wohlwollen des Klassenlehrers Kantorek eingetragen, der Albert Kropp schreibt und durch ihn an die Klasse (die von Kantorek so bezeichnete »eiserne Ju-

Kropp, der Denker

gend«, S. 22) Grüße ausrichten lässt; an denen ist freilich keiner interessiert (S. 15).

Kropp macht es schwer zu schaffen, was der Krieg mit ihnen macht. Das Leid des sterbenden Klassenkameraden Kemmerich geht ihm zu Herzen. Als sie einen Sanitäter bitten, Kemmerich mit Morphium von seinen Schmerzen zu erlösen und der sich wegen der Mangellage widerwillig zeigt, rutscht Kropp sofort eine bissige Bemerkung heraus: »Du bedienst wohl nur Offiziere« (S. 21). Als sie den Sanitäter mit Zigaretten bestechen, geht Kropp misstrauisch hinterher, um die Morphiumgabe zu kontrollieren. Kurz darauf »wirft der kleine Kropp« (S. 22) seine Zigarette zu Boden und trampelt wütend darauf mit Flüchen herum, weil er den nahenden Tod Kemmerichs nicht erträgt.

■ Voller Mitgefühl

■ Klein, aber unerschrocken

Kropp zeigt sich andererseits unerschrocken. Während der Schinderei und Schikanen durch Himmelstoß lässt er sich nicht beugen und kippt beispielsweise, ein Stolpern schauspielernd, zusammen mit Paul einen vollen Latrinenkübel über Himmelstoß (S. 28). Später beteiligt er sich kameradschaftlich an der nächtlichen Aktion, bei der Himmelstoß eine Tracht Prügel erhält (S. 47). Er ist es auch, der Himmelstoß direkt vor Augen hält, dass dieser keine Ahnung vom Krieg habe, aber in der sicheren Kaserne in der Heimat den harten Offizier gespielt habe (»Auf Leute wie Sie haben wir hier gerade gewartet.«, S. 83). Und als Paul während eines Angriffs der Gegner tagelang verschollen ist, sucht Kropp ihn mit Katczinsky im gefährlichen Niemandsland (S. 202).

Kropp teilt wie die anderen auch eine tiefe Skepsis am Sinn des Krieges. Als die Freunde darüber wieder einmal ins Gespräch kommen, hat er einen originellen Vorschlag, wie künftig Kriege zu verhindern seien, »wo die falschen Leute sich bekämpfen« (S. 41). Der »Denker« Kropp (S. 41) regt einen symbolischen Kampf der Staatsoberhäupter in einer Volksfestarena an, in der die verfeindeten Vertreter des Volks in Badehosen und mit Knüppeln bis zur Entscheidung aufeinander eindreschen. Etwas ernsthafter geht es nach einigen Monaten in einem anderen Gespräch im Anschluss an den Frontbesuch von Wilhelm II. zu, als Kropp das Gespräch auf die Kriegsursachen lenkt. Ausgehend von der Frage, ob es den Krieg gegeben hätte, wenn der Kaiser ihn nicht gewollt hätte, kommt Kropp zur strittigen Überlegung, wer denn nun im Recht sei (S. 180 f.). Er versucht Paul und die anderen in Verlegenheit zu bringen, da er zu bedenken gibt, dass die eine wie die andere Kriegspartei behaupte, ihr Vaterland zu verteidigen und somit im Recht zu sein.

■ Zweifel am Sinn des Krieges

Als die anderen, besonders Tjaden, sich nicht auf eine allzu abstrahierende Ebene außer der persönlichen einlassen, kommt Kropp schließlich zu einem bemerkenswerten Urteil. Er vergleicht den Krieg mit einer »Art Fieber« (S. 183). Und: »Keiner will es eigentlich, und mit einem Male ist es da. Wir haben den Krieg nicht gewollt, die anderen behaupten dasselbe – und trotzdem ist die halbe Welt feste dabei« (S. 183). Eine Position, die erstaunlich an die relativ junge Dis-

■ Analyse der Kriegsursache

kussion im Zuge von Christopher Clarks *Die Schlafwandler* (2012) erinnert.

Kropps schwere Verletzung ist nach den Tagen des willkommenen Glücks in einem Proviantthaus ein schwerer Schicksalsschlag. Der Ich-Erzähler kommt beim Artilleriebeschuss etwas besser davon; beide müssen jedoch ins Lazarett (S. 212–214). Dort müssen sie lernen, die Scham vor den Schwestern zu verlieren, wenn die Pflege in ihrer Hilflosigkeit tief in die Intimsphäre geht. Belastender ist jedoch die Furcht vor Amputationen, die in Ermangelung anderer Möglichkeiten bei der Fließbandabfertigung der zigtausenden Verletzungen zum Mittel der Wahl der Ärzte geworden sind. Alberts Angst davor sitzt tief: »›Das habe ich mir vorgenommen‹, sagt er nach einer Weile, ›wenn sie mir einen Knochen abnehmen, mache ich Schluß.‹« (S. 214 f.) Doch genau das passiert und Alberts Bein muss abgenommen werden. Er fällt in eine tiefe Krise und erwägt ernsthaft den Suizid, sodass Paul ihn scharf beobachten muss. Erkennbar ist die recht ausführliche Schilderung des Hospitalaufenthalts wichtig für die Interpretation des Romans, was noch erläutert werden wird. Alberts Spur verliert sich, als Paul zurück auf die Schlachtfelder Flanderns muss (S. 238).

■ Kein Leben als Invalide

Tjaden

Der 19-jährige Schlosser mit hagerer Gestalt (S. 7) gilt als »der größte Fresser der Kompagnie« (S. 9). Auch wenn sich die Freunde gegenseitig unter die Arme

■ Immer hungrig

greifen und unterstützen, ist es doch ratsam, Vorräte nicht herumliegen zu lassen, wie Kat scherzend anmahnt (»Den Rest wollen wir eigentlich in unsere Baracke tragen; aber Kat lacht und sagt nur: ›Tjaden‹«, S. 89). Tjaden denkt in erster Linie auch scheinbar immer ans Essen, was in der Kriegszeit mit all den Versorgungsprobleme auch nachvollziehbar ist (S. 10). Er scheint im Krieg öfter Glück zu haben, etwa als er einen Blindgänger mit einem Werkzeug bearbeitet (S. 115 f.).

Wut auf Himmelstoß

Tjadens »Hauptwut« (S. 45) gilt Himmelstoß. Allein die Nachricht, dass der ehemalige Unteroffizier aus ihrer Grundausbildungszeit zu ihnen an die Front versetzt wird, treibt ihm die Röte ins Gesicht und lässt ihn stottern (S. 45). Zu den Schikanen, die Tjaden wie die anderen auch hat aushalten müssen, kommt in seinem Fall noch eine unverzeihliche Entwürdigung hinzu: Himmelstoß meinte Tjadens Bettnässerei mit der Einquartierung eines anderen bettnässenden Kameraden in einem Etagenbett mit dünner Matratze behandeln zu können – in täglichem Wechsel. Als sich die beschriebene Gelegenheit der Rache an Himmelstoß bietet, ist Tjaden besonders lebhaft dabei, es seinem Peiniger heimzuzahlen (S. 47 f.). Allein, zufrieden ist er damit noch nicht. Als Himmelstoß tatsächlich an der Front auftaucht, nutzt Tjaden die Gelegenheit, ihn als »Sauhund« (S. 76) zu bezeichnen, den vorschriftsmäßigen Gruß zu verweigern und ihm schließlich den entblößten Hintern zu zeigen. Das fällige Disziplinarverfahren fällt erstaunlich mild aus, weil die Kameraden Tjaden decken und den mit der Untersuchung betrauten Offizier über die untragbaren Schikanen von Himmelstoß informieren, sodass der ein gewisses Verständnis zeigt (S. 81–84).

■ Verachtet Höhergestellte

Ohnehin scheint Tjaden nicht allzu viel Hochachtung vor Vorgesetzten bzw. den Hierarchien im Kaiserreich zu haben. Nach dem Besuch Wilhelms II. an der Front löst er eine der gesellschaftspolitisch skeptischen Diskussionen mit der Bemerkung in Richtung des Kaisers aus: »Das ist nun der Alleroberste, den es gibt. Davor muß dann doch jeder stramm stehen, jeder überhaupt!« (S. 179). Er fragt sich, ob das auch für einen König im Angesicht des Kaisers gelte und ob »ein Kaiser auch genau so zur Latrine muß wie ich« (S. 180).

■ Linksradikal

Schließlich erteilt er nach der Feststellung, dass er im Grunde nichts in diesem Krieg zu suchen habe, weil er sich nicht von irgendwem beleidigt fühle (S. 181) und es am besten sei, wenn es keinen Krieg gebe (S. 183), dem deutschen Staat des Kaiserreichs eine geradezu radikaloppositionelle Absage: »›Staat, Staat‹ – Tjaden schnippt schlau mit den Fingern – ›Feldgendarmen, Polizei, Steuer, das ist euer Staat‹« (S. 182).

Haie Westhus

Der ebenfalls 19-jährige friesische Hüne (S. 26) ist von Beruf Torfstecher (S. 9); ein Beruf, den er aber eigentlich nicht nach dem Krieg wieder aufgreifen möchte, da er mühselig und wenig erfreulich ist (S. 73). Lieber würde er beim Militär bleiben, da er die regelmäßigen Abläufe und Gewissheiten schätzt. Und in besseren Zeiten möchte er acht Tage nicht das Bett verlassen; am besten in der Begleitung eines »strammen Feger[s]« (S. 72), womit eine dralle Frau gemeint ist. Dabei scheint er in festen Händen zu sein (»seine Braut«, S. 115). Wenn es anstrengend wird, setzt Katczinsky auf die Kraft des jungen Mannes, um etwas zu beschaffen oder Schwieriges zu erledigen (S. 37 f.). Er wird während der Dritten Flandernschlacht schwer verwundet (S. 121). Lakonisch erwähnt Paul später seinen Tod (»Allerdings, Haie ist tot.«, S. 205).

■ Körperlich überlegen

Müller

Der gleichfalls 19 Jahre alte Müller hält trotz des Krieges oder vielleicht gerade wegen des Krieges am Gedanken fest, irgendwie noch den Schulabschluss zu erwerben. Selbst unter Beschuss prägt er sich in der Deckung physikalische Lehrsätze ein (S. 8). Dem Lesepublikum fällt er auf, weil er sich die guten Stiefel des sterbenden Klassenkameraden Kemmerich sichern möchte, was möglicherweise auf manche gefühllos wirken könnte.

■ Lernt im Gefechtslärm

Doch Paul nimmt ihn in Schutz:

> »Wenn Müller gern Kemmerichs Stiefel haben will, so ist er deshalb nicht weniger teilnahmsvoll als jemand, der vor Schmerz nicht daran zu denken wagte. Er weiß nur zu unterscheiden. Würden die Stie-

■ Kemmerichs Stiefel

> fel Kemmerich etwas nutzen, dann liefe Müller lieber barfuß über Stacheldraht, als zu überlegen, wie er sie bekommt. […] Kemmerich wird sterben, einerlei, wer sie erhält. Warum soll deshalb Müller nicht dahinter her sein, er hat doch mehr Anrecht darauf als ein Sanitäter!« (S. 24)

Er vermacht später Paul diese Stiefel, während er an einer qualvollen Verletzung stirbt (S. 246).

Leer

- Mathematisch talentiert
- Erotisch interessiert

Der scheinbar herausragend mathematisch begabte Mitschüler Pauls ist wie die anderen 19 Jahre alt, trägt aber mit jungen Jahren einen Vollbart, was auf eine etwas verschlossene Persönlichkeit hindeutet. Neben seinem mathematischen Talent hat er Talent für die Erkundung erotischer Genüsse in Krisenzeiten. Paul stellt ihn als Kenner der Frontbordelle vor, in denen gewisse Damen für die Offiziere eine besondere Sauberkeit an den Tag legen müssen (S. 8). Leer ist es auch, der den Kontakt zu den drei Französinnen herstellt und den jungen Männern für eine begrenzte Zeit etwas Zärtlichkeit in einer grausamen Welt beschert (»Leer ruft zu ihnen hinüber«, S. 129). Seinen Tod kommentiert Paul mit dem Zynismus des abgestumpften Frontkämpfers: »Wie ein leerlaufender Schlauch sackt er nach ein paar Minuten zusammen. Was nützt es ihm nun, daß er in der Schule ein so guter Mathematiker war« (S. 250).

Detering

Der junge Landwirt, »der nur an seinen Hof und an seine Frau denkt« (S. 9), erweitert im Roman den Blick auf die Schrecken des Krieges, weil er die Qualen der Tiere nicht erträgt. Als die Einheit einmal in einen nächtlichen Artillerieüberfall gerät und einige der Pferde schwer verletzt werden, müssen die Kameraden die Schreie der Tiere hilflos ertragen, da sie den Tieren wegen der unübersichtlichen Lage nicht den Gnadenschuss geben können (»Wir können alle etwas vertragen. Hier aber bricht uns der Schweiß aus.«, S. 60). Zu viel für Detering: Er schreit außer sich: »Schinder, Schinder! Schießt sie doch ab!« (S. 59), und muss davon abgehalten werden, unüberlegt zu handeln. Später bringt er seine Erregung mit den Worten »Das sage ich euch, es ist die allergrößte Gemeinheit, daß Tiere im Kriege sind« zum Ausdruck (S. 60). Zum Ende des Krieges hin erträgt er sein Heimweh, die Gedanken an seinen Hof und seine Frau nicht länger und wird fahnenflüchtig. Auf dem Weg in die Heimat wird er wohl aufgegriffen und vermutlich als Deserteur hingerichtet (S. 242–244).

- Liebt Familie und Heimat
- Mitleid für Tiere

Vertreter des Kaiserreichs

Kantorek

Der ehemalige Klassenlehrer schneidet in Pauls Schilderungen reichlich schlecht ab. Er wird als »ein strenger, kleiner Mann in grauem Schoßrock, mit einem

Spitzmausgesicht« (S. 15) beschrieben. Da er im Jahr 1917 als Wehrpflichtiger für den Landsturm eingezogen wird, dürfte er das 45. Lebensjahr nicht überschritten haben.[4] Seine kleinwüchsige Statur wird für Paul, vertieft durch die unschönen Erfahrungen mit Himmelstoß auf dem Kasernenhof während der Grundausbildung, zum Symbol des Übels. Paul meint erkannt zu haben, dass das Unglück der Welt auffällig oft auf kleinwüchsige Leute zurückzuführen sei, und gibt zu, hinfort so gut es ging kleinwüchsige Kompanieführer und deren Einheiten gemieden zu haben (S. 15). Kantorek hat die Jungen in seiner patriotischen Gesinnung solange im Unterricht manipuliert, bis sie sich freiwillig an die Front gemeldet haben.

■ Hurra-Patriotismus im Kaiserreich

Der Fehler liegt in seinen pathetischen Worten, die sich vor der späteren Kriegswirklichkeit zwingend als grundfalsch erweisen, sodass er in den Augen der Jungen, die ihren »Erzieher[n]« (S. 16) vertrauten, zum Lügner wurde. Kantorek hatte nämlich mit der Frage »Ihr geht doch mit, Kameraden?« (S. 16) den Eindruck vermittelt, sich selbst auch melden zu wollen bzw. sich als einer von ihnen zu verstehen. Das geschah jedoch nicht, wodurch der Kontrast zwischen den großen Worten seiner dogmatischen Weltsicht und seinen kleinen – oder besser gesagt: nicht vor-

■ Enttäuscht seine Schüler

4 In einem Gesetz zur Veränderung der Wehrpflicht aus dem Jahr 1888 wurde die Wehrpflicht auf das 45. Lebensjahr ausgedehnt. Vgl. https://de.wikisource.org/wiki/Gesetz,_betreffend_Aenderungen_der_Wehrpflicht#%C2%A7._24 (Stand: 21. 2. 2023).

handenen – Taten für seine ehemaligen Schüler unerträglich groß wurde. Kantoreks Grüße an die »eiserne Jugend« (S. 22) an der Front sorgen jedenfalls für Gelächter. Kantorek dürfte damit zu den vielen Deutschen zählen, die bei Kriegsausbruch, besonders im August 1914, voller Vertrauen in die Unbesiegbarkeit des Deutschen Reiches sowie einen gerechten Krieg ein großes Hurra anstimmten; übrigens ein gesamteuropäisches Phänomen bei gleichzeitig vielen, die voller Skepsis den kommenden Schlachten entgegensahen und gedrückter Stimmung waren (vgl. Kapitel 7 »Autor und Zeit«).

Allerdings begegnet das Lesepublikum Kantorek wieder. Paul begreift ihn als einen von Tausenden. Als Paul nach der Dritten Flandernschlacht Heimaturlaub hat, trifft er seinen Klassenkameraden Mittelstaedt (S. 156–161). Der berichtet, dass Kantorek doch noch für den Landsturm eingezogen worden sei und von ihm, da ranghöher, ausgebildet werde. Eine für Kantorek demütigende Situation: Der ehemalige Schüler befiehlt dem ehemaligen Lehrer. Dass Kantorek sich die genüsslich ausgebreiteten Demütigungen hart an der Grenze zum Disziplinarverfahren gefallen lässt, unterstreicht die Untertanenmentalität des Kaiserreichs. Der Klasse bietet sich hier die unerwartete Chance, dem ehemaligen Lehrer sein unglaubwürdiges Pathos vor Augen zu führen. Mittelstaedt kleidet Kantorek jedenfalls wie einen Hanswurst ein; die heruntergekommene Uniform mit Flicken macht ihn zur Witzfigur. Im Beisein Pauls wird Kantorek (»jäh

Parodie und Revanche

entzaubert«, S. 158) permanent mit parodistisch gelungenen Originalzitaten aus dem Unterricht vorgeführt und während des Kasernenhofdrills körperlich besonders beansprucht. Diese humoristisch-satirische Episode auf die Gesellschaft und das Militär dürfte ebenfalls zum schlagartigen Erfolg des Romans beigetragen haben.[5]

Himmelstoß

»Der Himmelstoß ist als Briefträger sicher ein bescheidener Mann«, nimmt Paul an (S. 43) und fragt sich, wie es nur kommen mag, dass er als Unteroffizier ein solcher Schinder sei. Die Analyse der Freunde kommt zum Ergebnis, dass die Uniform den Persönlichkeitswandel nicht nur bei Himmelstoß bewirke (S. 43). Himmelstoß ist von ähnlich kleiner Statur wie der Klassenlehrer Kantorek, was Paul wie bereits erwähnt zur psychologisch motivierten Erkenntnis führt, dass Leute wie Himmelstoß dieses scheinbare Manko mit Maßlosigkeiten in ihrer Vorgesetztenrolle kompensieren.

Machen Kleider Leute?

Himmelstoß, stolz auf seinen Ruf »als der schärfste Schinder des Kasernenhofes«, wird als klein, untersetzt und »mit fuchsigem, aufgewirbeltem Schnurrbart« (S. 26) beschrieben. Er reagiert scheinbar auf den kleinsten Zweifel an seiner Rolle als Vorgesetzter

Der schärfste Schinder

5 Die Wut rechter Kreise galt Passagen, die als das Heer verunglimpfend interpretiert wurden, z. B. als ein Arzt Paul unnötige Schmerzen bereitet (S. 215).

bzw. mangelnden Respekt mit Kontrollverlust, Geschrei und nachtragender Rachlust (»›Das setzt Festung‹, schrie er.«, S. 28; »Das werde ich euch eintränken«, S. 28; »Himmelstoß ist ein tobendes Exerzierreglement. Der Kaiser könnte nicht beleidigter sein. Er heult«, S. 76). Die Freunde nimmt er während der Grundausbildung auf sadistische Weise ins Visier, weil er nach Pauls Ansicht ihren Trotz spürt (S. 26).

Unermüdlich im Schikanieren

Er scheint eine unerschöpfliche Fantasie zu haben, sich sinnlose Torturen auszudenken und die Freunde leiden zu lassen. Mit der Zahnbürste müssen Stuben geputzt, 14-mal hintereinander Betten gemacht oder 20 Stunden Stiefel gebürstet werden (S. 26). Wochenlang wird der Sonntag gestrichen für Wachdienste, in voller Ausrüstung wird im Schlamm bis zum Kollaps Deckung suchen geübt (S. 27). Bei Minusgraden wird bis kurz vor dem Erfrieren Stillstehen praktiziert oder es wird übermäßig trainiert, was schließlich immerhin dazu führt, dass sich Paul als geradezu herausragend fit beschreibt (S. 27 f.). Permanent werden die Kameraden gedemütigt, bis sie offen mit einer Dienstbeschwerde drohen (S. 28), die vermutlich zumindest einen gewissen Erfolg hätte. Dass sich die Freunde am Ende der Grundausbildung dazu hinreißen lassen, Himmelstoß im Schutz der Nacht kurz vor ihrer Fahrt an die Front zu verprügeln (S. 45–48), verdeutlicht ihre Wut.

Wandlung an der Front

Allerdings macht Himmelstoß eine Wandlung seiner Persönlichkeit durch, als er eines Tages schließlich an die Front strafversetzt wird, weil er es wieder einmal übertrieben hat und dabei unwissentlich an den

Sohn einer hochrangigen Person geriet (S. 70). Zwar verfällt er beim Wiedertreffen der eingeschworenen Freunde an der Front – er ahnt, wie sehr sie ihn verabscheuen – zunächst in seine alte Persönlichkeitsstruktur des Respekt einfordernden Vorgesetzten zurück und stößt ein unnötiges Disziplinarverfahren gegen Tjaden an, das im Grunde im Sande verläuft (S. 75–84). Doch während der Dritten Flandernschlacht ist es vorbei mit der Herrlichkeit des Kasernenhofs. Paul trifft Himmelstoß während eines Angriffs in einem Unterstand mit einem Nervenzusammenbruch an: »Er zieht die Beine an, drückt sich an die Wand und bleckt die Zähne wie ein Köter« (S. 119). Paul zwingt ihn gewaltsam, allen in den Angriff zu folgen. Und tatsächlich berappelt sich Himmelstoß und geht mutig in die Schlacht, zumal er einen ranghohen Offizier vernimmt, der die Soldaten anspornt; er will sich wohl bewähren (S. 120). In den folgenden Tagen hat er seine Allüren vor dem Hintergrund der brutalen Wirklichkeit und des Leids abgelegt, weil er gelernt hat, dass nur der Zusammenhalt die ohnehin geringen Überlebenschancen erhöht: »Seine große Schnauze hat er verloren, seit er im Graben war« (S. 124). Himmelstoß bittet um Aussöhnung und zeigt sich als fürsorglicher Kamerad, der den Freunden Lebensmittel besorgt. Himmelstoß wird damit als dynamische Figur dargestellt. Er verändert sich und seine Anschauungen in der Realität der Grabenkämpfe und fügt sich in die Gemeinschaft ein. Im Gegensatz zum gebildeten Lehrer Kantorek erweist sich der einfache

Mann aus der Arbeiterschicht letztlich als nützlicher für das Vaterland und bestätigt nebenbei Katczinskys Sentenz, dass Bildung, zumindest manchmal, dämlich mache (S. 16).

4. Form und literarische Technik

Zum Aufbau

Remarque hat seinen Roman in 12 Kapitel gegliedert, sodass die reinen 252 Textseiten in der zitierten Ausgabe durchschnittlich 21 Seiten pro Kapitel umfassen. Innerhalb der Kapitel fallen markierte Abschnitte auf, die jeweils bestimmte Episoden innerhalb der erzählten Zeit von 1916 bis Oktober 1918 behandeln. Über diese Episoden wird ein Gesamtbild des Kriegsalltags entworfen, als würde eine Kamera hier und da eingeschaltet werden, um der Nachwelt das schlecht Beschreibbare festzuhalten. Dazu trägt besonders der personale Ich-Erzähler bei, der im Präsens seine Erlebnisse darstellt und damit eine Atmosphäre der Unmittelbarkeit schafft, die das Lesepublikum durch seine Sinneseindrücke in das Geschehen einbindet und mitleiden lässt.

- Viele Episoden ergeben Gesamtbild

Diese Erzählform sowie das kurze Vorwort und Nachwort, in denen eine Er-/Sie-Erzählinstanz den Tod des Ich-Erzählers Paul Bäumer übermittelt und eine gewisse berichtende Distanz schafft, als auch die Marketingstrategie des Verlags (das Buch wurde als »erlebtes Leben« eines Mannes aus der grauen Masse vorangekündigt, der sich nach zehn Jahren der Vergangenheit stelle) haben viele dazu verführt, den Roman nicht als fiktiv, sondern als eine Art Kriegsbuch mit authentischem Gehalt zu begreifen; sogar als Lebensbericht Remarques selbst. Letzteres hat erheblich

- Wirkung des Erzählrahmens

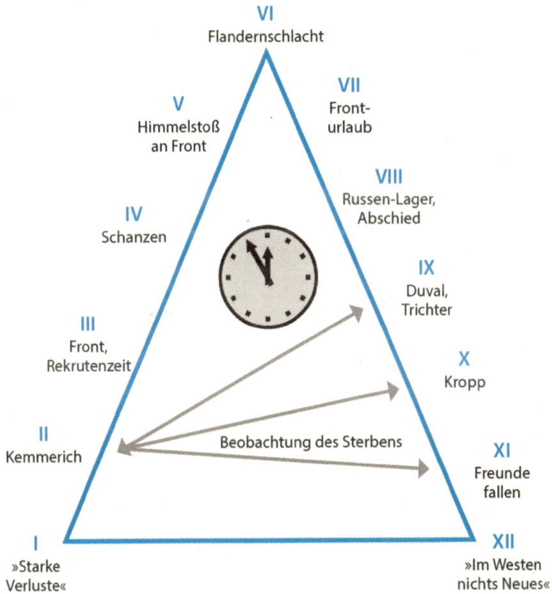

Abb. 3: Aufbau des Romans

zur emotionalen Auseinandersetzung mit dem Roman und der Person Remarques beigetragen.

Durchdachter Aufbau

Die Einteilung des Romans in 12 Kapitel, die mit römischen Ziffern durchnummeriert sind, ist wohl nicht zufällig. Das Zifferblatt einer traditionellen Uhr ließe sich assoziieren. Dass das Kapitel VI mit der intensiven Beschreibung der Schlacht als Höhepunkt zusammenfällt, ist symbolisch, was sich mit dem Schema oben veranschaulichen lässt. Pauls Tod im Oktober 1918, also nahezu in den letzten Momenten eines ohnehin längst verlorenen Krieges, könnte die Assoziation der fallenden Zeiger (»Fünf Minuten vor Zwölf«) eines abgeschlossenen Umlaufs von Uhrzeigern begründen. Entsprechend ist im Kapitel III die beschriebene Auffüllung der Verluste wie der sich noch entwickelnde Tag zu verstehen (so, als wäre aus deutscher Sicht vielleicht noch ein glimpfliches Ende des Krieges zu erzwingen). Nach dem Kapitel VI ist ein solches Ende aber nicht mehr abzusehen; die Kapitel VIII und IX lesen sich bereits wie eine düstere Vorausdeutung; ähnlich eines sich neigenden Tages. Das Ende des Romans in Kapitel XII und Pauls Tod sind fast absehbar.

Angedeutete Handlung

Zudem scheint es, als würde mitunter das Geschehen innerhalb eines Kapitels das Folgende motivisch vorbereiten. Die mörderische Schlacht in Kapitel VI wird ab Kapitel IV angedeutet, indem ein Spannungsbogen in Erwartung des Angriffs erzeugt wird. Ein anderes Beispiel wäre die Liebesgeschichte mit den drei Französinnen, die sich vorher durch das gemeinsame Betrachten des Werbeplakats mit der verführerischen Darstellerin andeutet.

Funktion der Episoden

Die erzählte Zeit von etwa zwei Jahren führt mit Blick auf die Erzählzeit natürlich zu Zeitraffungen. Erfahrungsgemäß verlangsamen Schriftstellerinnen und Schriftsteller das Erzähltempo in bedeutungsvollen Situationen. Sie werden ausführlich erzählt, weil sie Entscheidendes zu sagen haben. *Im Westen nichts Neues* ist keine Ausnahme. Die Konzentration auf durch kleine Sternchen markierte besondere Szenen oder Episoden erlaubt es, aus der schier ungeheuerlichen Menge der Eindrücke, die der Ich-Erzähler in all den Tagen an der Front gesammelt hat, Charakteristisches auszuwählen. Nebenbei spiegelt diese fragmentarisch wirkende Erzählgestaltung die menschliche Erinnerung wider, die ähnlich funktioniert.[6] Zudem wird hierdurch auch der Charakter des Krieges überzeugend aufgegriffen, der sich nicht klar und kontinuierlich erzählen lässt, weil eine Flut an Eindrücken auf die Beteiligten hereinprasselt. Wer sich mit Zeitzeugen unterhält und sie einfach erzählen lässt, wird feststellen, dass sie sich ebenfalls auf bestimmte Situationen fokussieren, die für sie in bleibender Erinnerung sind. Das Lesepublikum hat es dadurch vielleicht nicht allzu leicht, weil es ein Gesamtbild aus Teilen ohne unmittelbar erkennbaren Zusammenhang konstruieren muss. Man fragt sich: Warum diese Episode und keine andere? Aber diese Frage ist im Grunde falsch, weil es gilt, die Funktion und die Wirkung von etwas Gegebenem zu begreifen.

Zur Sprache und literarischen Gestaltung

Der Roman bedient sich einer Sprachgestaltung, deren Wirkung mit Anschaulichkeit, Authentizität und Direktheit beschrieben werden kann. Über den Ich-Er-

6 Vgl. Horn, der einen »fragmentierten Erzähler« herausarbeitet. Peter Horn, »Der ›unbeschreibliche‹ Krieg und sein fragmentierter Erzähler. Zu Remarques Kriegsroman *Im Westen nichts Neues*«, in: *Heinrich-Mann-Jahrbuch* 4 (1986), S. 85–108.

zähler Paul Bäumer wird das Lesepublikum durch das Klassenzimmer, den Kasernenhof, das Hinterland der Front, die Schützengräben im Dauerbeschuss, kurze Ruhephasen irgendwo an der Front und auch an den Betten verletzter oder sterbender Kameraden vorbeigeführt. Die Sprache Remarques zieht die Entheroisierung des Krieges besonders durch den Blick auf das Leid und die daraus erwachsenden psychischen Veränderungen nach sich. Es wird begreifbar, dass die Distanzwaffen selten Heldentum wie in einem mittelalterlichen Schwertkampf zulassen, weil man tagelang im Artilleriefeuer des Gegners ausharren muss und den Feind nicht zu sehen, aber zu spüren bekommt.[7]

■ Entheroisierung des Krieges

Der intelligente junge Mann verfügt innerhalb der Erzählwelt mit seiner Leidenschaft für Literatur über einen überdurchschnittlich reichen Wortschatz. Daneben suggerieren die Ich-Perspektive und das Erzähltempus Präsens eine höchstmögliche Unmittelbarkeit des Geschehens (wenn man so will: der Krieg in Echtzeit), was eigentlich widersprüchlich sein könnte. Die Sätze sind stilistisch ausgefeilt und bewahren sogar in den schrecklichsten oder hektischsten Situationen eine Ästhetik, die zwischen erkennbarer Kunstsprache und direktem Bericht pendelt.[8] Zu Letz-

■ Ästhetik und Krieg in Echtzeit

7 Die Artillerie verursachte auf beiden Seiten etwa 3/4 der Verwundungen und Todesfälle. Die Entheroisierung des Krieges bestimmt maßgeblich die Rezeption des Romans und die wütende Reaktion der nationalkonservativen Kreise.

8 Literaturgeschichtlich wird der Roman auch der »Neuen Sachlichkeit« zugeordnet. Ich persönlich sehe keinen Erkenntnisgewinn in dieser Zuordnung.

terem, also der Direktheit und Authentizität, trägt die ungeschönte Wiedergabe vulgärer oder derber Äußerungen bei, die von den Soldaten einfacher Herkunft auch nicht anders zu erwarten sind, sowie der Soldatenjargon (»Küchenbulle«, »Gulaschkanone«, S. 7).

Der folgende Textauszug dient als Ausgangsbasis für die folgenden Detailbetrachtungen:

Sprachliche Ästhetik

> »Einen ganzen Vormittag spielen zwei Schmetterlinge vor unserm Graben. Es sind Zitronenfalter, ihre gelben Flügel haben rote Punkte. Was mag sie nur hierher verschlagen haben; weit und breit ist keine Pflanze und keine Blume. Sie ruhen sich auf den Zähnen eines Schädels aus.« (S. 116)

Im vom Artilleriefeuer umgewühlten Niemandsland hat man mit diesem geradezu barocken Symbol des Schädels bzw. Todes und den mit ihnen kontrastierenden zwei Schmetterlingen eine Antithetik vor Augen, die das stete Pendeln zwischen Leben und Tod für die Soldaten greifbar macht. Der Tanz der Schmetterlinge (die Assoziation mit einem Liebespaar drängt sich kurz auf) und die Farbsymbolik von Gelb und Rot erinnern neben den Blumen einer Wiese auch an Blut und Tod (das Rot). Die Trostlosigkeit der zerschossenen Landschaft wird durch das Hendiadyoin (Begriff bzw. Vorstellung, gebildet aus zwei ungleichen Worten oder Ausdrücken) »keine Pflanze und keine Blume« vor Augen geführt.

Barocker Stil

Stilmittel wie Farbsymbolik

Die Farbsymbolik der Schmetterlinge wird auf groteske Weise auf derselben Seite etwas weiter unten aufgegriffen, als der Torso eines Soldaten erwähnt wird – Unterleib und Beine sind abgerissen –, der »tot auf der Brust im Graben [lehnt], sein Gesicht ist zitronengelb« (S. 116). Die Sätze im besagten Zitat sind kurz gehalten, dadurch eingängig und vermitteln die Eindrücke des genauen Beobachters, also Pauls. Wenn es hektisch zugeht, werden die Sätze mitunter sogar elliptisch (»Angriff, Gegenangriff, Stoß, Gegenstoß«, S. 117), was aber eher eine Ausnahme ist. Allgemein liegt eine Mischung aus Satzreihen und Satzgefügen vor; die in der Tendenz nicht allzu lang sind.

■ Viele Adjektive

Es fällt ein reger Gebrauch von Adjektiven auf, die zur Anschaulichkeit und Stimmung gleichermaßen beisteuern: »Wenn der Wind zu uns herüberweht, bringt er den Blutdunst mit, der schwer und widerwärtig süßlich ist, diesen Totenbrodem der Trichter, der aus Chloroform und Verwesung gemischt scheint und uns Übelkeiten und Erbrechen verursacht« (S. 114.) Neben den Alliterationen (»Wenn … Wind … herüberweht« bzw. »Totenbrodem« und »Trichter«) sind in diesem Satz auch erneut die Stilmittel Hendiadyoin (»schwer und widerwärtig süßlich«, »Übelkeiten und Erbrechen«) und Polysyndeton (die Häufung des Partikelworts »und«) zu finden; zudem die Neologismen (Wortneubildungen) »Blutdunst« bzw. »Totenbrodem«.

■ Ästhetisches Grauen

Der Schrecken wird dadurch ästhetisiert, ohne dass es dem Schrecken das Grauen nähme, was im Grunde die Situation nur noch grotesker macht. Ähnlich kurz darauf, als Paul mit dem Neologismus »Steckrübengesichter« (S. 118) die jungen Rekruten erwähnt und das Prinzip der Adjektivhäufung die Anschaulichkeit ihrer Angst herstellt (»die armselig gekrallten Hände, die jammervolle Tapferkeit«, S. 118). Permanent begegnen einem die literarisierten Beschreibungen oder Reflexionen, die von Pauls hohem Sprachanspruch zeugen und immer wieder nebenbei in Erinnerung rufen, dass dieser junge Mann ja in Friedenszeiten mit seinen Talenten eine hoffnungsvolle Zukunft gehabt hätte: »Wir sind verlassen wie Kinder und erfahren wie alte Leute, wir sind roh und traurig und oberflächlich, – ich glaube, wir sind verloren« (S. 111).

Vergleiche und das Polysyndeton werden wie selbstverständlich verwendet, was das Bild des stets reflektierenden Ich-Erzählers und Beobachters bestätigt. In den Schilderungen wird durch Wiederholungen bzw. Anaphern (z. B. »Sommer 1918«, S. 251) oder durch das Wortfeld um die Zerstörungen durch Granaten (die Verben »zerstampft, zerfetzt, zerrissen«, S. 62) der Krieg für die Leserschaft zumindest mit etwas Fantasie vorstellbar. Mitunter ist es ein doppeltes Trikolon (dreigliedriges Gefüge), schlagwortartig den Lesern um die Ohren gehauen wie die Granaten den Soldaten: »Ruhr, Grippe, Typhus – Würgen, Verbrennen, Tod« (S. 249).

■ Der reflektierende Ich-Erzähler

Die Intensität der Lektüre dürfte erheblich von Pauls Eigenart herrühren, neben den sterbenden oder verletzten Kameraden auszuharren und über viele Stunden ihre Agonie, ihren Todeskampf zu beschreiben, was wiederholt der Fall ist. Kemmerichs Sterben

■ Analyse der Agonie

ist der Auftakt, ein Beispiel: »Es wird dunkel. Kemmerichs Gesicht verbleicht, es hebt sich von den Kissen und ist so blaß, daß es schimmert« (S. 32). Mit kurzen Parataxen und bewusst knapp gehaltenen Hypotaxen wird die Momentaufnahme hervorgehoben; die Rezipientinnen und Rezipienten müssen wie Paul hinsehen, so wie es Paul unentwegt tut. Ähnlich ist es im Fall der schweren Verwundung Albert Kropps. An seiner Seite registriert Paul so gut wie jede Regung seines Freundes, der nach der Amputation seines Beines zum Krüppel wird (vgl. Kapitel X, S. 205–238).

■ Viele Verletzungen

Durch Anhäufungen werden die zahlreichen Verwundungen vor Augen geführt, sodass die Reihung all die damit verbundenen Qualen trotz des oft nüchtern-sachlichen Stils greifbar werden lässt:

> »Im Stockwerk tiefer liegen Bauch- und Rückenmarkschüsse, Kopfschüsse und beiderseitig Amputierte. Rechts im Flügel Kieferschüsse, Gaskranke, Nasen-, Ohren- und Halsschüsse. Links im Flügel Blinde und Lungenschüsse, Beckenschüsse, Gelenkschüsse, Nierenschüsse, Hodenschüsse, Magenschüsse.« (S. 232)

■ Onomatopoesie des Todes

Die Komposita mit dem immer wieder aufgezählten Nomen »Schuss« lassen fast lautmalerisch den Gefechtslärm erahnen und peitschen der Leserschaft regelrecht all die zerfetzten Körperregionen um die Ohren. Kein Wunder, dass Albert und Paul die Operationssäle mit der Metapher »Schlachtbank« (S. 215) bezeichnen. Nahezu auf jeder Seite wird der sachlich vorgetragene, aber im Grunde durchweg literarisierte Tonfall Pauls greifbar, dessen schonungsloser Blick auf jedes Detail die Gesellschaft des Jahres 1928/29 sofort elektrisierte.

Motive und Symbole

Im Roman verdichten bestimmte Motive und Symbole die Erfahrungen der Kriegswirklichkeit; manche gehen ein wenig in der Fülle der Wahrnehmungen Pauls unter.

Stiefel-Symbol

Kemmerichs Stiefel beispielsweise sind mehrdeutig und kehren motivisch im Handlungsverlauf wieder. Sie stehen symbolisch zunächst einmal für die Soldaten, die zu Millionen in den Krieg marschieren (»Röcke, Hosen und Stiefel kommen aus dem Nebel«, S. 54) und zu Millionen fallen: »Müller taucht mit einem Paar Fliegerstiefel wieder auf. Es sind herrliche englische Schuhe aus weichem, gelbem Leder, die bis zum Knie reichen und ganz hinauf geschnürt werden, eine begehrte Sache.« (S. 20) Müller ist an den Stiefeln des Sterbenden offen interessiert. Damit werden die Stiefel zu einem Symbol des Todes, verdinglichen den Menschen, und ihre – sarkastisch formuliert – Vererbung an einen Nachfolger deutet dessen Tod voraus. Die Stiefel haben ja scheinbar zuvor einem abgeschossenen englischen Piloten gehört und Kemmerich hat sie ob ihrer Vorzüge an sich genommen. Da er

Symbole, wiederkehrende Motive

Bedeutung im Krieg / für das Romanverständnis

Stiefel	Farben	Särge/ Friedhöfe	Erde	Vertierung	Instinkte/ Triebe	Zufall/ Kontingenz	Bücher
Menschenmasse, Verluste, Mangel	i. d. R. Tod, Leid, Schmerz, Gefahr	Tod, Verluste; auch Entwürdigung (Friedhöfe werden beschossen)	Schutz (Eingraben), Verdrecken, Tod: »Erde zu Erde«	Mensch verliert Vernunft und Stellenwert der Moral	Reduzierung des Menschen, aber auch Sehnsucht nach Normalität und Frieden	Überleben nicht planbar, Willkür des Schicksals	im Frieden: Wissenschaft und Vernunft, Zukunft; geht im Krieg verloren

Abb. 4. Übersicht Symbole/Motive

nun selbst sterben wird, möchte sie Müller übernehmen, was eine sachliche Abwägung ist, wie bereits ausgeführt wurde (S. 20 f.). Müller bekommt sie (S. 31), fällt später (S. 246), schenkt aber vor seinem Tod Paul die Stiefel (»Bevor er starb, übergab er mir seine Brieftasche und vermachte mir seine Stiefel«, S. 246). Paul fällt selbst kurz vor Kriegsende (S. 259).

Verknüpfte Symbole

Das Aussehen der Stiefel verknüpft die Farbsymbolik mit dem Motiv des permanent präsenten Todes. Ihr gelbes Leder entspricht dem Zustand Kemmerichs kurz vor seinem Tod: »Er sieht schrecklich aus, gelb und fahl, im Gesicht sind schon die fremden Linien« (S. 19). Die Farbe Gelb begegnet einem wiederholt (z. B. der zerrissene Tote im Schützengraben, S. 116); besonders im Zuge der Beschreibung der Schwerverwundeten (»Kat gurgelt plötzlich und wird grün und gelb«, S. 254). Immer wieder tauchen die Farben Gelb und Rot motivisch auf und deuten auf Tod und Verderben; sei es nun durch die Leuchtraketen bei Nacht (S. 55) oder in der Landschaft (»die gelben Tümpel mit spiralig roten Blutlachen«, S. 252). Andere Farben wie Grau stehen ebenfalls motivisch im Dienst der Darstellung von Tod und Gefahr (S. 252).

Särge und Friedhöfe

Andere Symbole sind kaum zu übersehen. Als die Einheit einmal ausrückt, kommt sie an einer Lieferung aufgestapelter Särge vorbei (S. 90), die die Männer natürlich auf sich selbst beziehen.[9] Ähnlich offen-

9 Diese Textstelle hat einen Rezensenten im *Völkischen Beobachter* am 14. 8. 1929 so in Rage gebracht, dass er eine Beleidigung Remarques an die nächste reiht, vgl. Erich Maria

sichtlich ist die Episode auf dem Friedhof (S. 61–66), als ein Artillerieüberfall die Einheit zwingt, zwischen den Gräbern Deckung zu suchen und die Einschläge die Toten und die Särge in die Luft schleudern. Die Symbolik verweist auf den Tod einiger Männer und verdeutlicht die Absurdität des Krieges, der keine Grenzen kennt und Verstorbene ein weiteres Mal heimsucht.

Mutter Erde

In den Kontext der in der Erde bestatteten Gefallenen gehört auch die Erde an sich. »Für niemand ist die Erde so viel wie für den Soldaten.« (S. 52), stellt Paul fest. Er reflektiert die Möglichkeiten, die die Erde dem Soldaten bietet, weil er in ihr Schutz sucht und »aus der Erde, aus der Luft« (S. 52) Abwehrkräfte beziehe, sich in sie einwühle und gewissermaßen von sich aus die Nähe zur »Mutter Erde« (Gaia) sucht.

Erde zu Erde

Dadurch ergibt sich aber auch die assoziative Nähe zur Bestattungsliturgie bei Beerdigungen, die mit der Formulierung »Erde zu Erde, Asche zur Asche, Staub zum Staub« ihren Ausdruck findet. Das wird in den Beschreibungen der hohen Verluste metaphorisch umgesetzt: »Unsere Hände sind Erde, unsere Körper Lehm und unsere Augen Regentümpel. Wir wissen nicht, ob wir noch leben« (S. 252). Katczinsky wird gleich zu Beginn als Mann »mit einem Gesicht aus Erde« (S. 9) vorgestellt, was deshalb als versteckte Vorausdeutung seines Todes begriffen werden kann.

Das Graben und Wühlen im Boden, um die Schüt-

Remarque, *Im Westen nichts Neues*, hrsg. von Thomas F. Schneider, Köln [3]2016, S. 378.

zengräben und Unterstände auszuheben, führt zum metaphorischen Motiv der Vertierung des Menschen (»Menschentiere«, S. 53). Diese ist insbesondere in den schlimmsten Momenten der zahlreichen Schlachten zu beobachten. Mit dem Satz »Aus uns sind gefährliche Tiere geworden« (S. 103) beschreibt Paul diese Vertierung im Zustand des Blutrauschs beim Kampf Mann gegen Mann in den Gräben, weil nur noch die Instinkte den Menschen lenken. Um sich selbst zu retten und auch Rache zu üben (S. 103) nach Tagen der ohnmächtigen Deckungssuche im Unterstand, kämpfen alle mit größter Verzweiflung und ohne Gnade. Mit der Klimax »zu Wegelagerern, zu Mördern, zu Teufeln meinetwegen« (S. 103) wird die folgende Beschreibung der hemmungslosen Kämpfe dargeboten. Erst nach über einer Stunde der Ruhe im Anschluss der Schlacht kommen die Männer wieder zu sich und werden »wieder so etwas wie Menschen« (S. 107). Die Vertierung des Menschen verdeutlicht andererseits auch die Todesangst, die viele überwältigt. Himmelstoß z. B. »bleckt die Zähne wie ein Köter« (S. 119) und ein anderer Soldat »rennt mit dem Kopf wie ein Bock gegen die Wand« (S. 100), andere rennen blindlings im Trommelfeuer hinaus, ohne Deckung zu suchen (S. 99 f.).

■ Vertierung

Etwas abgeschwächter wirkt der Verlust der Scham in diesen Motivkomplex hinein, der für zivilisierte Menschen in Friedenszeiten kaum vorstellbar erscheint. So verrichten die Männer ohne Scheu ihre Notdurft voreinander (S. 12). Ebenfalls wird der Sexu-

■ Niederste Instinkte und Bedürfnisse

altrieb relativ ungeniert ausgelebt, wenn sich die Gelegenheit dazu bietet – wer weiß, ob es je wieder eine Gelegenheit gäbe. Als der schwer verletzte Lewandowski nach zwei Jahren im Krieg Besuch von seiner Frau erhält – er kann selbst nach 10 Monaten Hospitalaufenthalt nur gekrümmt ein wenig hinken –, ermöglichen ihm die Kameraden einen lächerlichen Geschlechtsverkehr mit der Gattin im Krankenhausbett, der kaum diskret vonstatten geht und den Verlust der Scham verdeutlicht (S. 234–237).

■ Funktion der Sexualität

Das Motiv der Sexualität wird im Roman regelmäßig kurz aufgegriffen, was im Übrigen neben der Verdeutlichung der sprichwörtlichen Conditio humana, der Sehnsucht nach etwas Lebensglück und Zärtlichkeit im Krieg auch die Sehnsucht nach einem Kriegsende verdeutlicht. Hin und wieder werden die geduldeten Bordelle erwähnt (S. 135, 209). Und natürlich bietet das Sexualitätsmotiv den Soldaten die Gelegenheit, im Soldatenjargon »ziemlich schweinisch« (S. 129) zu werden, sodass die Sprachschichten des Romans die heterogene Gesellschaft des Kaiserreichs widerspiegeln. Während Haie Westhus seine sexuellen Fantasien mit einem »strammen Feger« (S. 72) ausleben würde, ist Pauls Wortwahl zurückhaltender (»Die Schmale, Dunkle«, S. 131).

■ Groteskes Schäferstündchen

Die besagte Episode mit Lewandowski (S. 234–237) greift das Motiv schließlich in einer für alle Beteiligten amüsanten Weise auf. Alle legen irgendwie im Vorfeld mit Hand an, um das grotesk wirkende Schäferstündchen zu arrangieren, indem sie beispielsweise den schwer Verletzten für die Seitenlage mit Kissen abstützen. Dass Frau Lewandowski von allen im Nachhinein mit dem emotionalen Begriff »Mutter« angeredet wird, dürfte die Bedeutung der Sexualität im beschriebenen Sinne unterstreichen und die Sehnsucht nach familiärem Halt verraten.

Zufall bzw. Kontingenz

Das Motiv des Zufalls bzw. das der Kontingenz (vgl. Kapitel 12 »Zentrale Begriffe und Definitionen«) spielt im Roman immer wieder eine Rolle. Den Zusammenhang von Kontingenz und Katastrophe definiert Paul so: »Über uns schwebt der Zufall. […] Dieser Zufall ist es, der uns gleichgültig macht« (S. 91). Wo eine Granate einschlägt, wen eine Kugel verfehlt, streift oder trifft, ist eine Frage des Zufalls, wie Paul meint. Eine nähere Ergründung ist in Anbetracht der »tausend Zufälle« (S. 92), denen ein Soldat sein Leben verdanke, eine sprichwörtlich vergebliche Liebesmüh. Dass Franz Kemmerich und Albert Kropp ihr Bein verlieren, weil die Kugeln eben nicht wenige Zentimeter weiter entlangflogen oder der Franzose in der berühmten Trichter-Episode auf Paul stößt, ist Zufall. Besonders Katczinskys Tod greift das auf (»ein ganz geringer, verirrter Splitter«, S. 256). Ein Paradoxon ist daher Pauls Diktum, das wie ein Religionsersatz daherkommt: »Und jeder Soldat glaubt und vertraut dem Zufall« (S. 92).

Buch und Vernunft

Als Letztes seien noch die Symbole bzw. Motive des Buchs, des Sprachverlusts und des Hungers oder Essens erwähnt. Dass die jungen Männer von der Schulbank und ihren Büchern vom Krieg fortgerissen werden, ist motivisch bzw. symbolisch zu sehen. Dieses Motiv kommt besonders in der Kinderzimmer-Episode und der Trichter-Episode zum Tragen und ist als Verlust der Vernunft zu deuten.[10]

Sprachverlust und Kriegsgrauen

Sprachverlust versinnbildlicht im wahrsten Sinne des Wortes die Unmöglichkeit, das Kriegsgrauen angemessen zu versprachlichen. Während seines Heimaturlaubs ist es Paul mehrfach nicht möglich, den an ihn herangetragenen Wünschen nachzukommen und von der Front zu erzählen. Paul erklärt das mit der Angst, von den eigenen Erinnerungen über das Sprechen überwältigt zu werden (S. 148 f.), sodass die Sprachlosigkeit zum Schutzmechanismus wird. Auf einer abstrahierenden Ebene ist damit natürlich auch die niemals zu überwindende Kluft zwischen dem Wort und der erlebten Wirklichkeit angedeutet. So könnte man es mit dem Paradoxon »Man kann das nicht niederschreiben« (S. 162) nachvollziehen, als Paul die Mutter Kemmerichs besucht und ihre herzzerreißende Trauer aushalten muss. Er erzählt den Besuch aber dann doch, in Kenntnis der erwähnten Mängel, angemessen diese Trauer beschreiben zu können. Mitunter ist die Sprachlosigkeit auch Ausdruck tiefster Verbundenheit. Kurz vor Pauls Abfahrt schweigen alle beim Abendessen und natürlich im Bewusstsein des nicht unwahrscheinlichen Todes von Paul (S. 163). Und mit Katczinsky braucht Paul oh-

10 Das wird in der 2. Aufgabe im 10. Kapitel »Prüfungsaufgaben« dieses Lektüreschlüssels näher ausgeführt.

nehin nicht immer zu reden (S. 87), sie verstehen sich auch so.

Das Essen ist, so belehrt Paul die Leserschaft, im Grunde von dominanter Bedeutung: »Dem Soldaten ist sein Magen und seine Verdauung ein vertrauteres Gebiet als jedem anderen Menschen. Dreiviertel seines Wortschatzes sind ihm entnommen« (S. 13). Dauernd wird irgendwie Essen beschafft, ausgeschwärmt, um Essensmöglichkeiten zu erkunden, oder es werden Gänse gestohlen. Es ist leicht, die Textbeispiele aufzulisten. Ein besonderer Höhepunkt dürfte die Fressorgie im Proviantshaus sein, welches die Freunde bewachen sollen. (S. 205–211) Die Funktion dieses auffallenden Motivs könnte in der Betonung dessen liegen, was Nahrung nun einmal ist: ein Grundbedürfnis. Wer isst, klammert sich ans Leben. Im Falle des Nahrungsmangels droht der Tod, wie zum Beispiel in Kapitel VI, als die Einheiten im Artilleriefeuer über Tage nicht ausreichend versorgt werden und zu ermatten drohen. Der dicke Bauch symbolisiert kulturgeschichtlich Wohlstand und Frieden. Das bezieht sich natürlich auch auf die sogenannte Heimatfront. Mit dem Neologismus »Steckrübengesichter« (S. 118) bezeichnet Paul einmal den Rekrutennachschub aus Minderjährigen, mit dem die enormen Verluste kompensiert werden sollen. Der sprichwörtliche »Steckrübenwinter« des Winters 1916/17 ist allerdings in die Geschichte eingegangen, als die Seeblockade der Alliierten die Rationierung der Nahrungsmittel in Deutschland erzwang. Die Zahl der Hungertoten

Essen und Überleben

ging in die Hunderttausende. Auch das gehört in die Betrachtungen dessen, was der Krieg bewirkt.

Die Erzählgestaltung

■ Personaler Ich-Erzähler

Angesprochen wurde bereits die Instanz des personalen Ich-Erzählers, der im Präsens erzählt und damit Unmittelbarkeit und Echtzeit suggeriert. Die Leserschaft ist also mitten im Geschehen und teilt Pauls Wahrnehmungen. Bei den meisten stellt sich durch die nüchtern vorgetragene, ungeschminkte Schilderung auch schnell Sympathie für den Ich-Erzähler ein und man leidet mit ihm.

■ Zeitgestaltung, direkte Rede

Die erzählte Zeit von hauptsächlich 1917 bis Oktober 1918, mit kurzen Rückblicken auf das Jahr 1916, macht es bei Betrachtung der Erzählzeit naturgemäß notwendig zu raffen. Die zehnwöchige Grundausbildung unter Himmelstoß wird auf den Seiten 26 bis 29 zusammengefasst. Der Erzählerbericht dominiert dementsprechend. Daneben gibt es im Roman zeitdeckende Passagen, in denen bedeutsame Episoden dargestellt werden. Hier ist oft die direkte Figurenrede gegeben, regelkonform markiert; die Bewertung der einzelnen Aussagen ist in der Regel dem Lesepublikum überlassen, wie z. B. beim gesellschaftspolitisch kritischen Gespräch der Freunde nach dem Kaiserbesuch (ab S. 179).

■ Erzählerrede

Mitunter finden sich neben den Erzählerbeschreibungen und Reflexionen Pauls (S. 91) auch Passagen, in denen er in seine unmittelbare Gefühls- und Gedankenwelt Einblicke gestattet. Das ist beim Heimaturlaub der Fall, als er beispielsweise in seinem Zimmer den Verlust seiner bisherigen Orientierung durch Bücher bzw. den Verlust der Lesefreude feststellt und fast so etwas wie ein innerer kurzer Monolog greifbar wird (wie »Vorbei.«, S. 156). Erzählerisch auffallend sind zudem die Schlachtbeschreibungen im Kapitel VI, die an die schnellen Schnittwechsel eines Films erinnern und dynamisch wirken.

Vorwort und Nachwort eines Er-Erzählers

Das Vorwort und der Epilog, von einer weiteren Erzählerinstanz ausgeführt, rahmen Pauls Schilderungen ein und geben dem Roman mit dem Vorwort den Anstrich einer Erklärung des Verfassers (also Remarques) und mit dem Nachwort einen emotional nachhallenden Ausklang, der den Titel des Romans begründet. Beides hat nicht wenig dazu beigetragen, dass die Rezeption des Romans bereits mit seiner Veröffentlichung im Jahr 1929 von Vorwürfen und Missverständnissen geprägt war, weil die Leserschaft den Roman über diesen Kunstgriff als noch authentischer begriff und viele das Erzählte praktisch als wirkliches Geschehen einschätzten.

5. Quellen und Kontexte

Remarque hat die eigenen Kriegserfahrungen in den Roman eingearbeitet und für die Vorarbeiten die Zeit seiner Rekonvaleszenz nach einer Kriegsverletzung genutzt. Nach der Verwundung am 30./31. Juli 1917 war er praktisch bis zum Kriegsende nicht kampftauglich und hat intensive Gespräche mit anderen Soldaten geführt. Eine aufreibende Recherche, umfangreiche Lektüren oder größere Materialauswertungen, wie sie Literaturwissenschaftler nicht selten bei der Erforschung des Entstehungsprozesses vieler Romane feststellen können, sind für *Im Westen nichts Neues* nicht nachzuweisen. Remarque hat noch im Jahr 1917 angefangen, seine über Gespräche erweiterten eigenen Erfahrungen in einem ersten Versuch literarisch umzusetzen. Diese Arbeit von wenigen Seiten blieb zunächst ruhen und wurde dann 1927 mit dem bekannten Ergebnis aufgenommen.

■ Arbeit am Roman seit 1917

Die Legende, Remarque habe den Roman nächtens nach der Arbeit binnen weniger Wochen zu Papier gebracht, kann man getrost als genau das (eine stilisierende Legende) betrachten.[11] Der Roman ist wohl-

■ Durchdachter Schreibprozess

11 Vgl. Erich Maria Remarque, *Im Westen nichts Neues*, hrsg. von Thomas F. Schneider, Köln [19]2022, S. 296–300; Nikos Späth, *Das Thema hatte es in sich. Die Reaktion der deutschen und amerikanischen Presse auf Erich Maria Remarques »Im Westen nichts Neues. Eine vergleichende Rezeptionsstudie über Fronterlebnis- und Weltkriegserinnerung in der Weimarer Republik und den USA in den Jahren 1929 und 1930«*, Göttingen 2020, S. 111 ff.

1916	1917 Mai: Ypern	1918	Nachkriegszeit	1927	1928	1929
• Einberufung Rekrutenzeit	• 31.7. Verwundung • Erster Versuch am Roman	• Lazarett • Schreibstube • Gespräche	• Arbeit als Journalist • Rezensionen von Kriegsliteratur, Lektüren • Eindrücke von der Weimarer Republik	• Herbst: detailliert geplanter Schreibprozess, Entwürfe	• 1. Jahreshälfte: Manuskript wird bei Fischer und anderen Verlagen eingereicht • August: Ullstein greift zu, Planung der Veröffentlichung und des Umgangs mit der Öffentlichkeit, Legendenbildung • November: Vorabdruck	• Buchfassung und außerordentliche Werbung (Begriff »Roman« wird vermieden) → **Sensationserfolg**

Abb. 5: Entstehungsprozess des Romans

durchdacht und über einen genauen Arbeitsprozess entstanden. Zu diesem Zeitpunkt haben Remarques unmittelbare Kriegseindrücke eine zehnjährige Aufarbeitung hinter sich. Damit ist die innere Bewältigung zum Entstehungskontext des Romans zu zählen, weil Remarque in der Selbst- und Fremdbeobachtung die Konsequenzen des Massensterbens hat reflektieren können. Leider ist es literaturwissenschaftlich nicht zufriedenstellend möglich, den Einfluss etwaiger Lektüren in den zehn Jahren vor der Niederschrift seines Erfolgsromans in Gänze zu bestimmen. Remarque war ein Vielleser, aber er führte nicht Buch, was er alles in den Händen hatte. Seine genaue Beobachtungsgabe lässt keinen Zweifel daran, dass er die Aufarbeitung des Kriegs in der Weimarer Republik in allen ihren Facetten registriert hat, wozu auch mit hoher Wahrscheinlichkeit das Schrifttum der Zeit zu rechnen ist.[12]

Einfluss zeitgenössischer Schriften

Dazu zählt ein anderer Klassiker der Kriegsliteratur aus der Feder eines Frontsoldaten. Ernst Jünger (1895–1998) hat während des Krieges Tagebuch geführt und seine Erfahrungen dann in ein Buch mit dem Titel *In Stahlgewittern* umgearbeitet. Die erste Fassung stammt aus dem Jahr 1920. Danach folgen noch elf weitere Überarbeitungen, von denen insgesamt sieben veröffentlicht wurden (verteilt über die Jahre von

12 Vgl. Späth (s. Anm. 11), S. 111–156. Remarque rezensierte mehrere Kriegsbücher als Redakteur, darunter auch eines von Ernst Jünger.

1920 bis 1978), sodass der Schreibprozess für Jünger eine Form der Bewältigung des Krieges darstellt.

Auch Jünger stellt den Krieg schonungslos dar, allerdings auf eine andere Weise als Remarque.[13] Mut und die Bereitschaft, sich zu stellen, Männlichkeit im Angesicht der Gewalt des Krieges werden akzentuiert. Den Krieg hinterfragt das Werk nicht. Es dominiert die sprachlich ästhetisierende Gestaltung des Kriegs. In der Konsequenz des Krieges entsteht ein neuer, kraftvoller Menschentypus; die Kämpfe haben in Jüngers Logik sozusagen auch produktive Kraft, sodass die Folgen keineswegs nur zerstörerisch sind. Jünger wurde von politisch rechtsstehenden Kreisen begeistert rezipiert. Er steht damit für eine andere Darstellung des Krieges und des Soldaten. Wenig verwunderlich: Jünger und Remarque mochten sich wohl nicht sonderlich. Jünger hielt nichts vom genussvollen Lebensstil Remarques und erkannte kein Talent, Remarque seinerseits stellte später »staubtrockene Soldatenschreibe« fest und bezeichnete Jünger

Jüngers Aufarbeitung

13 Vgl. Sabine A. Haring, »Ernst Jünger, Erich Maria Remarque und der Erste Weltkrieg. Eine literatursoziologische Betrachtung«, in: *Krieg, Medizin und Politik. Der Erste Weltkrieg und die österreichische Moderne*, hrsg. von Helmut Konrad, Wien 2000, S. 351–373; einen allgemeinen Überblick zur Kriegsliteratur in der Weimarer Republik bieten Jörg Vollmer, *Imaginäre Schlachtfelder. Kriegsliteratur in der Weimarer Republik. Eine literatursoziologische Untersuchung*, Berlin 2003, und Thomas F. Schneider [u. a.], *Die Autoren und Bücher der deutschsprachigen Literatur zum Ersten Weltkrieg 1914–1939. Ein bio-bibliographisches Handbuch*, Göttingen 2008.

anscheinend spöttisch als »Landsknecht«, obwohl er in einer frühen Rezension wohlwollender geurteilt hat.[14]

Historische Umstände

Ein kurzer Blick auf die Nachkriegszeit ist vonnöten, um die weiteren Umstände des Entstehungsprozesses für Remarques Roman zu bedenken. Noch vor der Kapitulation Deutschlands versuchte die Oberste Heeresleitung, die beharrlich alle Anzeichen der erdrückenden Übermacht der Alliierten praktisch in den Wind geschlagen hatte, die Verantwortung für die Niederlage auf die Schultern der Politiker zu laden. In einer denkwürdigen Lagebesprechung informierte Ludendorff am 30. September 1918 die Anwesenden, er habe den Kaiser gebeten, »auch diejenigen Kreise an die Regierung zu bringen, denen wir es in der Hauptsache zu verdanken haben, daß wir so weit gekommen sind«.[15] Die Interpretation der Niederlage als von sozialdemokratischen bzw. kommunistischen Kreisen verursachter Verfall, der zu mangelnder Kampfkraft und Unterstützung geführt habe, ist später als Dolchstoßlegende in die Geschichtsbücher ein-

14 Vgl. Hubert Wetzel, »Erich Maria Remarque im Ersten Weltkrieg. Sechs Wochen in der Hölle«, in: *Süddeutsche Zeitung*, 25. März 2014, www.sueddeutsche.de/politik/erich-maria-remarque-im-ersten-weltkrieg-sechs-wochen-in-der-hoelle-1.1921119 (Stand: 21. 2. 2023), und Aygül Cizmecioglu, »Antipoden des Krieges«, in: *Deutsche Welle*, 9. August 2014, www.dw.com/de antipoden- des- krieges/a-17600145 (Stand 21. 2. 2023).

15 Vgl. Gerhard Hirschfeld / Gerd Krumeich, *Deutschland im Ersten Weltkrieg*, Frankfurt a. M. 2018, S. 257.

gegangen. Selbst nach Kriegsende wurde die Art und Weise des Empfangs der heimkehrenden Truppen unterschiedlich ausgelegt. Obgleich die Bilder von Respekt vor den Leistungen der Soldaten zeugen,[16] behaupteten zahlreiche Stimmen einen schmählichen Empfang der Heimkehrer, die sich aufgeopfert hätten.

Das Menetekel des Versailler Vertrags

In Verbindung mit den Details zum Versailler Vertrag, der mit dem Artikel 231 den Deutschen die Alleinschuld am Krieg zuwies und in der Wahrnehmung der Deutschen verheerend ungerechte Friedensbedingungen für ihr Land zusammenstellte, ergibt sich eine für jeden überlebenden Soldaten katastrophale Ausgangslage für die Zukunft. Man muss die Probleme auflisten: die Kriegstraumata sind nicht verarbeitet; ein unbeschwerter beruflicher Einstieg ist kaum möglich; Hunderttausende sind zu Invaliden geworden, haben Beine und Arme verloren oder ihre Gesichter wurden zerschossen – ihr Anblick ist allgegenwärtig; Freunde sind im Krieg gestorben; viele Ehen zerrüttet; es herrschen politische Grabenkämpfe. Remarque hat das alles wahrgenommen – auch aus seiner zunehmend privilegierten Position als erfolgreicher Autor heraus. Die bekannte Zuspitzung der politischen Gegensätze in den Zwanzigern ist für Remarque zum Zeitpunkt der Niederschrift seines Romans nicht zu übersehen.

Ein stiller Beobachter

Er selbst ist kein Mann, der sich politisch vehement zu Wort meldete, wie in seinen Interviews von Be-

16 Hirschfeld/Krumeich (s. Anm. 15), S. 274.

ginn an deutlich wird.[17] Die Republik befand sich im Jahr 1927 auch in einer eigentümlichen Situation. Mit dem Begriff Goldene Zwanziger können die kulturelle Vielfalt und die wirtschaftliche Stabilisierung bis 1929 beschrieben werden. Der Begriff kann aber nicht die Tatsache der gärenden Unzufriedenheit vieler Menschen mit dem politischen System sowie den Konsequenzen des Versailler Vertrags einbinden, den die Regierung Marx (im Jahr 1927 bereits sein 4. Kabinett!) zumindest hinzunehmen schien. Auch die papierlastige Aufarbeitung des Krieges durch mehrere parlamentarische Untersuchungsausschüsse hatte den Menschen auf den Straßen eigentlich wenig mitzuteilen, die sich mit ihrer eigenen geschichtlichen Wahrnehmung oder derer von anderen in den Medien der damaligen Zeit auseinandersetzten.

17 Das Interview in Remarque (s. Anm. 9), S. 381–389, aus dem Jahr 1930 kann man entsprechend lesen. Remarque wollte einfach seinen Roman für sich sprechen lassen und nicht mit aggressiven Formulierungen zusätzlich Öl ins Feuer gießen. Das wird auch in Aufgabe 3 des Kapitels 10 »Prüfungsaufgaben« ausgeführt. Die Belastungen der jungen Republik beschreibt Jörn Leonhardt in: *Der überforderte Frieden. Versailles und die Welt 1918–1923*, Bonn: BpB, 2019.

6. Interpretationsansätze

Die Wucht der Beschreibungen des Krieges mit all seinen Facetten darf nicht darüber hinwegtäuschen, dass neben der naheliegenden Deutung des Romans als Antikriegsroman weitere Lesarten angelegt wurden. Es bieten sich die folgenden an:

Drei Lesarten

- eine textimmanente Lesart des Antikriegsromans, die das Kriegsleid bzw. die Brutalität des Krieges in den Fokus rückt und den Blick auf die Verhaltensveränderungen des zivilisierten Menschen in einer Extremsituation und auf die psychischen Folgeschäden der Überlebenden nach dem Krieg lenkt;
- eine eher textexterne Lesart der sozialkritischen Aspekte im Roman wie die Kritik an der Gesellschaft und Politik des Kaiserreichs;
- eine biografische Lesart, die Bezüge zu Remarques Leben herstellt.

Interpretation als Antikriegsroman

»Kein Spaß, Kat« (S. 185), murmelt Paul, als er mit Katczinsky durch einen von Minenwerfern zerstörten Wald gehen muss, in dem Leichenteile herumliegen oder -kleben, umgeben von verkrusteten Blutlachen. Manche Körper sind entkleidet, weil die Wucht der Explosionen die Uniformen wegreißt und den Toten so noch ihre letzte Würde nimmt. Dieser Kommentar Pauls spielt möglicherweise auch auf die Stimmung des Augusterlebnisses 1914 an, als die jungen Männer

Beschreibung des Grauens

voller Vaterlandsliebe und in Unkenntnis des waffentechnischen Stands die Transportwaggons der Eisenbahnen mit ihren naiv-optimistischen Parolen vollkritzelten, als ob der Krieg ein amüsantes Abenteuer werden würde. Mitunter dürfte es aber auch Galgenhumor gewesen sein, der aus den Botschaften spricht. »Auf Wiedersehen auf dem Boulevard« oder »Ausflug nach Paris« sind Beispiele.

Verhaltener Romanbeginn, später Steigerung

Dass der Krieg aber kein Spaß wurde, stellten die Soldaten schnell fest. Der Romanauftakt stimmt mit der Essensausgabe an die stark dezimierte Einheit auf die hohen Verluste im Krieg ein, wenngleich das weniger intensiv wirkt als andere Passagen des Romans:

> »Nun aber gab es gerade am letzten Tage bei uns überraschend viel Langrohr und dicke Brocken, englische Artillerie, die ständig auf unsere Stellung trommelte, so daß wir starke Verluste hatten und nur mit achtzig Mann zurückkamen.« (S. 8)

Die fast euphemistisch daherkommende Wortwahl nimmt hier noch der Tatsache den Schrecken, was der starke Beschuss eigentlich bedeutet. Auch Tjadens zynischer Humor (»Tjaden grinste: ›Wir sind alle da.‹«, S. 9) verharmlost natürlich den Sachverhalt, was ganz im Sinne des Romanaufbaus ist, der wie ein Crescendo die Intensität steigert und im Kapitel VI den Höhepunkt, wenn man es so sagen kann, in dieser Symphonie des Grauens erreicht. Das entscheidende Mittel des Romans dürfte also in der schonungslosen

Darstellung der Kriegsverluste liegen; Details werden nicht ausgespart.

Blick auf die Sterbenden

Zunächst sind die sterbenden Kameraden zu nennen. Paul beschreibt ausführlich die letzten Tage seines Klassenkameraden Kemmerich, was einem der vielen Schicksale ein Gesicht und Individualität gibt (später wird sich diese Situation mit anderen Vorzeichen wiederholen). Man baut durch die Informationen über die Mutter, Franz Kemmerich selbst und die über lange Zeit sich hinziehende, genau beschriebene Agonie Empathie und Mitleid auf. »Sie weinte ununterbrochen, ihr Gesicht war davon gedunsen und geschwollen.«, beschreibt Paul die »gute, dicke Frau« (S. 19), die ihren Sohn Franz zum Bahnhof bringt und den Ich-Erzähler wiederholt anfleht, auf ihren Sohn achtzugeben –; als wäre das irgendwie im Feld möglich, wie Paul selbst bemerkt (S. 19). Paul nimmt minutiös die Zeichen des baldigen Todes wahr (»von innen arbeitet sich der Tod durch«, S. 19) und geht dabei systematisch die einzelnen Körperpartien durch, auch wenn es schwerfällt (»Ich kann seine Hände nicht gut ansehen, sie sind wie Wachs.«, S. 20).

Reflexionen über den Tod

An die exakte Betrachtung Kemmerichs knüpfen sich existentielle Reflexionen Pauls über den Tod, das Leid, das ihm folgt, und über ihr spezifisches Schicksal als junge Generation, die um ihr Leben geprellt wird. Beim Anblick Kemmerichs stellt sich Paul die im Grab wachsenden Nägel und Haare vor, was »wie Gras auf gutem Boden« (S. 20) aussehe und zusammen mit dem Schädel des Toten eine barocke Allegorie (Memento mori), also die über ein Bild in Erinnerung gerufene Sterblichkeit des Menschen, assoziieren lässt.

Er denkt an den Brief, den er der Mutter wird schreiben müssen (S. 22), und kommt nach der Erwähnung der Grüße ihres Klassenlehrers Kantorek schließlich zur Bewertung ihres Lebens: »Jugend? Das ist lange her. Wir sind alte Leute« (S. 22). Der folgende Besuch kurz darauf ist noch quälender, weil Paul den Sterbenden zu trösten versucht und Kemmerich ahnt, dass er nur noch wenig Zeit hat. In dieser Szene wird die Erfahrung des ersten Besuchs durch Wiederholung intensiviert: Paul registriert jedes Detail des nahenden Todes, empfindet Trauerschmerz insbesondere durch die Gedanken an die Zeit mit Kemmerich (»wir sind zusammen aufgewachsen«, S. 31); man erfährt biografische Details sowie etwas über die geplatzten Träume des Sterbenden (»Ich wollte mal Oberförster werden.«, S. 31), dessen Qualen zunehmen, bis er stirbt.

■ Früh gealtert

Vergleichbares erlebt Paul bei seinem engen Freund Albert Kropp. Von S. 213 bis 238 schildert Paul immer wieder den Zustand Alberts, dem die Amputation den Lebenswillen raubt, auch wenn er im Gegensatz zu Kemmerich die Operation überleben zu können scheint: »Einmal sagt er, er wolle sich erschießen, wenn er erst wieder an seinen Revolver herankäme.« (S. 231) Diese Absicht haben einige der Verletzten. Der Vorfall mit einem verletzungsbedingt erblindeten Musiker, der versucht, sich in einem unbeobach-

■ Genaue Beobachtung Kropps

teten Moment eine Besteckgabel in das eigene Herz zu treiben (S. 231), hebt hervor, dass für viele der Hunderttausenden von Verletzten das weitere Leben eher eine Qual wäre. Das Beispiel eines Musikers, der seine geliebte Musik nicht mehr wird spielen können, oder eines Mannes, dessen Gesicht praktisch weggeschossen wurde, macht den Todeswunsch nachvollziehbar.

Ein wichtiger Aspekt der Deutung als Antikriegsroman liegt in der Darstellung der kaum zu beschreibenden Brutalität der Kämpfe. Paul hat das ja mit der bereits erwähnten Sprachlosigkeit während seines Heimaturlaubs thematisiert und den Lesern zur Reflexion vorgelegt. Die Folgen der im Übermaß eingesetzten Artillerie nehmen einen Schwerpunkt ein. ■ Brutalität

Der Beschuss hebt Bäume und Erdmassen empor, als wären es Riesenwellen, und lässt schließlich ganze Wälder verschwinden, wie ab Seite 61 beschrieben wird. Die Ohnmacht des kleinen Individuums ist greifbar, das nur hoffen kann, nicht verschüttet zu werden, wenn es nicht bis zur Unkenntlichkeit zerfetzt wird (»ist die Grabenwand mit heißen Splittern, Fleischfetzen und Uniformlappen bepflastert«, S. 100). Ob man unbeschadet davonkommt, ist eine Frage des Zufalls, den zu ergründen man sich ersparen sollte (S. 91 f.). Sogar der kleinste verirrte Splitter löscht Leben aus, wie Katczinskys Tod belegt. ■ Artillerie

Neben der Artillerie gibt es reichlich weitere Möglichkeiten, das eigene Leben zu verlieren. Das Giftgas ist zu nennen, weil jeder Soldat sich fragen muss, ob ■ Giftgas er seine Gasmaske rechtzeitig aufsetzen kann (ab S. 63), ob die Maske dicht ist, ob das Gas sich wirklich verflüchtigt hat. Selbst der erfahrene Ich-Erzähler Paul wird zeitweilig zum Opfer des Gaskriegs (S. 257).

Im Verletzungsfall ist es auch bei Wunden, die für Ärzte theoretisch beherrschbar sind, nicht prognostizierbar, ob die Operationen auf der »Schlachtbank« (S. 215), wie Paul und Albert die Operationssäle nennen, glücken. Infektionen, Blutverlust, Pfusch während des Fließbandbetriebs und der Dauerstress der Ärzte werden zum hohen lebensgefährlichen Risiko für jeden Verletzten. Da überhaupt keine Zeit für schonende, zeitaufwändige Eingriffe gegeben ist, sind Amputationen das Mittel der Wahl für die permanent überforderten Mediziner, die für Mitgefühl wenig Raum haben.

■ Ohnmacht der Ärzte

Das Vorwort stimmt darauf ein, im Roman die Beschreibung der zerstörerischen Konsequenzen des Krieges zu erleben. Neben den körperlichen Folgen des Krieges sind unbedingt auch die psychischen zu thematisieren. Paul beschreibt beispielsweise, dass es ihm unmöglich geworden ist, sich während seines Heimaturlaubs irgendwie heimisch zu fühlen. Das Gefühl der Entfremdung ist eine Folge der Fronterfahrungen, die ihn und andere traumatisieren und Psychologen weit nach der Zeit des Ersten Weltkriegs mit dem Begriff der »Posttraumatischen Belastungsstörung« (PTBS) beschreiben.[18] Auch wenn Remarque

■ Psychische Folgen

18 Es ist legitim, sich eine vorläufige Orientierung über bewährte Webseiten zu verschaffen, z. B. www.spektrum.de/

damals das aktuelle Wissen der Psychologie nicht zur Verfügung stand, so decken sich sein eigener Erfahrungsschatz und die Erfahrungen anderer insoweit, dass sie etwas beschreiben, was empirisch so gut belegt ist, dass die wissenschaftlichen Definitionen der Folgegenerationen zwar systematisierende Klarheit verschafften, aber in der Feststellung der Symptome keine wirklich andersartigen Erkenntnisse oder Umwälzungen zu bieten hatten. Man lernte allerdings sehr viel besser zu verstehen, was der Krieg für Schnitte in der Psyche der Überlebenden hinterlässt und was sich hinter den Symptomen der Überlebenden verbirgt, die kein gewohntes Leben zu führen imstande waren.

Paul ist völlig überfordert, sich in der gewohnten Manier im familiären bzw. seinem gewohnten Umfeld zu bewegen. Der erste Heimaturlaub im Jahr 1916 war ein schönes Erlebnis (S. 151), der zweite nach der Dritten Flandernschlacht im Jahr 1917 ist es nicht. Gleich mehrere Umstände machen das unmöglich: Der Heimaturlaub an sich bereitet ihm ein schlechtes Gewissen, weil die anderen noch an der Front ausharren. Die ihm unangenehmen Fragen nach Fronterlebnissen werden in der Erwartung von Heldengeschichten gestellt, die am Stammtisch der Heimat für patriotische Stimmung sorgen sollen. Für Paul ist das Sterben der Freunde und Kameraden aber kein erbauliches Stimmungserlebnis. Und natürlich sind die

lexikon/neurowissenschaft/posttraumatische-belastungsstoerung/10149 (Stand 21. 2. 2023).

Veränderte Persönlichkeit

Fronterfahrungen eine derartige Überforderung, dass die zusätzlichen schlechten Nachrichten wie die Krebserkrankung der Mutter oder Erlebnisse wie der schwere Gang zur Mutter Kemmerichs, um ihr den Tod ihres Sohnes mitzuteilen, irgendwann die Kräfte übersteigen müssen. Und nicht zuletzt ist die Erkenntnis, dass alte liebe Gewohnheiten wie die Auseinandersetzung mit Literatur keinerlei Reiz mehr ausüben oder die Wiederaufnahme der Schullaufbahn sinnlos erscheint, in der Summe verheerend.

Pauls Negativrevolution

Die Rückkehr an die Front erscheint Paul deshalb positiv, weil er eine Negativrevolution erlebt, die ihn an die Front zurückzwingt. Nur dort kann er die Erfahrung von Zusammenhalt und umfassendem Verständnis machen, und nur dort gibt es eine latente, aber von allem befreiende Todessehnsucht, so pervers es klingen mag. Pauls Lächeln im Tod (Kapitel XII, Ende) könnte diese Vermutung bestätigen. Ohnehin macht ein Gespräch der Freunde auf den Seiten 78 bis 81 deutlich, dass sie durch den Krieg bedingt keine Ahnung haben, wie sie ein normales Leben werden führen können. Remarque selbst hat seinen Roman ausdrücklich auf die Nachkriegszeit und die Weimarer Republik bezogen, der den Veteranen und ihren Erfahrungen eine Stimme geben sollte und sich selbst auch.[19] Die Romane *Der Weg zurück* (1931) und *Drei Kameraden* (1938) sind in der Deutung ergänzend miteinzubeziehen.

19 Vgl. Remarque (s. Anm. 11), S. 297 (Anhang).

Das Gespräch mit einem Toten

Als Paul während einer Patrouille im Niemandsland der Front allein ausharren muss, kommt es zu der auf den Seiten 191 bis 204 beschriebenen Episode, die den Ruhm des Romans maßgeblich mit begründet. Paul muss in einem mit schlammigem Wasser gefüllten Granattrichter in Deckung gehen und verharren, da ein feindlicher Angriff rollt und er allein absolut keine Chance gegen den Feind hat. Nur mit einem Messer könnte er sich wehren. Plötzlich fällt oder springt ein Franzose in den Trichter und liegt auf ihm: »Ich denke nichts, ich fasse keinen Entschluß – ich stoße rasend zu und fühle nur, wie der Körper zuckt und dann weich wird und zusammensackt« (S. 192). Unmittelbar nach dieser reflexartigen Handlung, die mit einem polysyndetischen Satzbau (Aneinanderreihung von Aufzählungselementen mit der Konjunktion »und«) intensiv ausgestaltet ist, kommt Paul wieder zu sich und ist wie gelähmt. Ein weiteres Mal kann er nicht zustechen (»so schwach plötzlich, daß ich nicht mehr die Hand gegen ihn heben kann«, S. 192).

■ Trichter-Episode

Nun wiederholt sich das ausgedehnte Beobachten des Sterbens, das zur eindrücklichen Beschreibung des Kriegsleids beiträgt und zu Anfang des Romans seinem Freund Franz Kemmerich gilt. Nun sind die Vorzeichen aber andere – es ist ein Feind. Paul rutscht in die »entfernteste Ecke« (S. 192) des Trichters und wird zum Zeugen dessen, was er zu verantworten hat. Es ist sozusagen eine vom Schicksal gewollte

■ Wiederholung: ein Freund, ein Feind

Abb. 6: Trichterfeld bei Geluveld nahe Ypern. – Unbekannter Urheber

Zwangsreflexion, denn das feindliche Maschinengewehrfeuer macht es unmöglich, dem röchelnden Franzosen zu entkommen (»Die Geschosse zischen, sie sind ein stählernes Netz«, S. 193). Das Gefühl der Schuld lastet auf ihm, sodass er symbolisch von seinen Händen das Blut des Franzosen abwaschen möchte, aber nur den Schlamm im Trichter verwenden kann. Im wahrsten und makabersten Sinne des Wortes hat er sich einmal mehr die Hände schmutzig machen müssen und ist durch die Umstände dazu verurteilt, dem Franzosen beim Leiden und Sterben zuzusehen, so wie er es aus Freundschaft bei Franz Kemmerich tat.

Verklammerte Episoden

Aus meiner Sicht spiegeln sich beide Szenen, geben dem Roman so etwas wie einen Prolog und Epilog in der Beobachtung eines Sterbenden – ein Freund, ein

Feind – und führen sowohl Paul als auch natürlich die Leserschaft zur Einsicht, dass die Opfer eines Krieges immer Trauernde hinterlassen werden.

Auch wenn der ans Töten gewöhnte Paul der Lage am liebsten entkommen möchte (»Meine Hände sind weiß an den Knöcheln, so presse ich sie zusammen, so flehe ich, das Feuer möge aufhören«, S. 193) – er kann es nicht. Er kann noch nicht einmal seine Ohren zuhalten, um das Röcheln des Franzosen nicht ertragen zu müssen, weil er unentwegt auf die Umgebung zu achten hat. »Wie festgeklebt« (S. 193) nehmen seine Augen an dem grauen Tag (das Farbmotiv kommt zum Zug) die Einzelheiten des Mannes auf, den er tödlich verletzt hat. Er rutscht zu seinem Opfer hin; wahrscheinlich um das Sterben irgendwie zu erleichtern (S. 194). Der genaue Beobachter Paul registriert dabei die Reste von Angst und Überlebenswillen in den Augen des Franzosen, der bewegungsunfähig daliegt.

■ Extremsituation

Paul hilft auch, so wie er es bei Franz getan hat, was aber in der Situation erfolglos bleiben muss (»Es ist alles, was ich tun kann. Wir müssen jetzt warten, warten.«, S. 196). Das Personalpronomen »wir« deutet bereits eine Verbindung zwischen den beiden Männern an, und das Verb »warten« lässt keine Zweifel zu, was gemeint ist. Mit den Verben »zerschmolzen, zerschossen« (S. 196) aus dem Wortfeld des Verderbens deutet Paul den Tod des Franzosen an, dem er beim Sterben zusieht (»Diese Stunden.«, S. 196). Da Paul unter der Last seiner Schuld so sehr leidet, kann er ihn nicht mit einem Gnadenstoß seines Messers töten, weil dies

■ Entwickeln von Empathie

direkt geschehen würde im Gegensatz zum Tötungsvorgang mit einer Distanzwaffe (S. 196). Das stundenlange Sterben wie bei Franz beobachten zu müssen schafft emotionale Nähe.

Als der Franzose tot ist, setzt eine weitere Phase der Auseinandersetzung mit den Folgen dessen ein, was Paul Stunden zuvor mit seinen Messerstichen anrichtete. Er erkennt im Franzosen einen gut aussehenden Mann (»Der Mund ist voll und weich unter dem Schnurrbart«, S. 197) und stellt sich deshalb ein Schicksal hinter dem Schicksal vor: »Seine Frau denkt sicher jetzt an ihn« (S. 197).

■ Auch der Feind hat Familie

Dieser Gedanke verschlimmert seinen Zustand und führt zur gedanklichen Verknüpfung der französischen Frau des Toten mit der flüchtigen Geliebten Pauls (»die Dunkle, Schmale jenseits des Kanals«, S. 197) und einem gesteigerten Gefühl für Liebe und Nähe, das jäh zertrümmert wird durch das Motiv des Zufalls, der in geringfügig anderer Konstellation die Leben von Franz Kemmerich, dem Franzosen und die der Angehörigen nicht verdunkelt hätte. Die Gewehrkugel hätte anders fliegen oder der Franzose in einen anderen Trichter springen können.

■ Motiv des Zufalls

Paul findet im Anschluss die Kraft, die Identität des Toten, der ihm nicht länger egal ist (»Kamerad«, S. 198), anhand seiner Papiere festzustellen. Kein leichter Schritt: »Solange ich seinen Namen nicht weiß, kann ich ihn vielleicht noch vergessen, die Zeit wird es tilgen, dieses Bild« (S. 199). Der Tod des jetzt namentlich bekannten Druckers Gérald Duval, der tatsäch-

■ Die Bedeutung der Identität

lich eine Frau und ein kleines Mädchen hinterlässt, veranlasst Paul, dem Toten gedanklich zu versprechen, sich an seiner statt um dessen Familie zu kümmern und selbst Buchdrucker zu werden (»mit nassen Lippen rede ich auf ihn ein, und ganz tief in mir sitzt dabei die Hoffnung, daß ich mich dadurch freikaufe«, S. 200). Der Anblick von Fotos und Briefen stürzt Paul in eine tiefe Krise, die erst nach einigen Stunden vergeht und einer anderen Form der Aufarbeitung des Geschehenen weicht (»Nachmittags bin ich ruhiger.«, S. 201).

Paul hat einen Entschluss gefasst und teilt dem »Kameraden« seine Absichten mit: »Heute du, morgen ich. Aber wenn ich davonkomme, Kamerad, will ich kämpfen gegen dieses, das uns beide zerschlug: dir das Leben – und mir –? Auch das Leben. Ich verspreche es dir, Kamerad. Es darf nie wieder geschehen« (S. 201). In diesen Sätzen bündelt sich diese Episode. Paul erkennt die Auswirkungen des Krieges, der dem einen nach Stunden der Qual das Leben nimmt und dem anderen die Fähigkeit, ein normales Leben zu führen. Beide sind Opfer des Krieges, dessen Wiederholung es zu verhindern gilt. Auch die Angehörigen werden Opfer des Krieges; entweder als Trauernde oder weil sie mit den Überlebenden ein unbeschwertes Leben unmöglich werden fortsetzen können. Der einzige Gegner, den es zu bekämpfen gilt, ist in dieser Logik also der Krieg selbst.

■ Pauls Fazit

An sich klingt dieses Fazit gut und die bizarre Situation eines Gesprächs in einem Granattrichter zwischen einem Lebenden und einem Toten hätte wenigstens perspektivisch einen Nutzen. Allein, praktisch kurz darauf beginnt eine weitere Phase der Auseinandersetzung mit dem Geschehen. Pauls natürlicher Lebensinstinkt kehrt zurück und er möchte zu seinen Kameraden. Das dem Toten gegenüber geäußerte Versprechen wird deswegen bedeutungslos (»ich weiß schon jetzt, daß ich es nicht tun werde«, S. 201). In einem gewissen Sinne sind diese Worte sogar eine versteckte Vorausdeutung auf Pauls Tod im Oktober 1918. Der schlägt sich schließlich im Schutz einer weiteren Nacht zu seinen Freunden durch. Er erzählt Katczinsky und Kropp von seinem Erlebnis im Granattrichter, weil es stark nachwirkt.

■ Gebrochenes Versprechen

Ihre Antwort ist bezeichnend: »Du kannst gar nichts daran machen. Was wolltest du anders tun. Dazu bist du doch hier!« (S. 203) Das Partikelwort »Dazu« dürfte das Töten im Krieg meinen, sodass die nüchterne Feststellung der engen Freunde die belastende Episode als eine Art Frontkoller relativiert und das bittere Fazit vorbereitet, dass angesichts der Zwänge des Krieges für menschliche Regungen kaum Platz ist.

■ »Dazu bist du doch hier!«

Paul selbst räumt ein: »›Es war nur, weil ich so lange mit ihm zusammen liegen mußte‹, sage ich. Krieg ist Krieg schließlich« (S. 204). Das Versprechen, das er Gérard Duval gegeben hat, ist damit hinfällig, aber der Leserschaft bliebe es in der Logik der Beziehung zwischen Text und Rezipient überlassen, den Kern des Versprechens zu übernehmen. Diese Episode korrespondiert mit der Kinderzimmer-Episode (S. 152–156); es ist symbolisch, dass Paul einen Buchdrucker tötet. Das wird in der 2. Aufgabe des 10. Kapitels »Prüfungsaufgaben mit Lösungshinweisen« ausführlicher interpretiert. Allerdings hat Paul eine Lehre gezogen. Dass es im Krieg nötig ist zu töten, wird man nicht umgehen können, wenn man nicht selbst getötet werden will. Allerdings ist er nicht bereit das zu tun, was der Scharfschütze Oellrich tut, der mit sichtbarer Freude seine Treffer registriert, als würde er auf Pappscheiben im Schützenheim schießen und nicht auf Menschen (S. 203 f.). Paul ist sensibler geworden.

■ Lehren der Episode

Interpretation des Romans als gesellschaftspolitische Kritik

Die berühmte Redewendung, man gehe dorthin, wo auch der Kaiser zu Fuß hingehe, nur um die Toilette weniger direkt zu nennen, lässt auch eine gewisse Nachlässigkeit gegenüber dem höchsten denkbaren Staatsoberhaupt erkennen; zumal die Vorstellung des Gottesgnadentums dem Kaisertum eine sakrale Dimension hinzufügt. Im Roman ist der Ansehensverlust des Kaisers ebenfalls greifbar. Der Besuch Kaiser Wilhelms II. an der Front löst scheinbar wenig Begeisterung aus und bringt Tjaden dazu, eins von mehreren Gesprächen unter den Männern in Gang zu setzen, die das Fundament der Wilhelminischen Gesellschaft hinterfragen und kräftig ins Wanken bringen (S. 179–184). Beispiele in dieser Richtung finden sich

■ Ansehensverlust der Eliten

wiederholt. Auch wenn Remarque seine erste Romanfassung (die Typoskript-Fassung) auf Anraten des Verlags erheblich abmilderte, ist im Roman doch deutlich eine gesellschaftspolitisch kritische Botschaft angelegt, sodass es lohnt, dieser Lesart nachzugehen.

Abfällige Wortwahl

Der Verlust des Respekts vor Hierarchien und Autoritäten wäre zunächst festzuhalten. Zu Beginn des Romans verdeutlicht sich das in der Wortwahl Pauls, als er den für die Versorgung zuständigen Unteroffizier aus dem Versorgungstross als »Küchenbulle« (S. 9), »Tomatenkopf« oder »Tomate« (S. 10) bezeichnet. Die anderen stehen ihm darin nicht nach. Katczinsky spricht den Unteroffizier direkt abfällig an (»du Mohrrübe«, S. 10), Tjaden packt ihn an der Uniform (S. 10) und ohnehin werden die Männer unverhohlen bedrohlich (S. 11).

Neue Bewertung der Eliten

Es setzt sich mit dem Gelächter über ihren Klassenlehrer Kantorek fort (S. 15), dessen Legitimation als Lehrkraft, die etwas vermitteln könnte, regelrecht demontiert wird (S. 15–18), da Paul und die Klasse seinem Patriotismus bzw. seinen Vorträgen über Mut und Gemeinschaft keinen Glauben mehr schenken. Mit Himmelstoß wird ein weiterer Vertreter der Gesellschaftsordnung des Kaiserreichs attackiert, weil seine schikanösen Methoden und die augenfällige Dirigiersucht ihn in den Augen der Kameraden und Freunde disqualifizieren, sodass sie ihn schließlich verprügeln und die Uniform als Symbol aufgesetzter, nicht immer verdienter Autorität hinterfragen (S. 43).

Nicht weniger symbolisch dürfte es deshalb sein, dass Himmelstoß mit dem Inhalt des Latrineneimers besudelt wird; eine Gaudi für jeden ehemaligen Frontsoldaten und die Leserschaft des Romans. Dass es auch anders geht, bestätigen übrigens die offenbar mit Zuneigung verfassten Worte über den Tod des Offiziers Bertinck, der tapfer und beispielhaft seine Einheit zu führen verstand; stets in der ersten Linie kämpfend (S. 249 f.). Für Paul wird der Heimatbesuch schnell ungenießbar, weil die alten Lehrer sich, obgleich ohne Fronterfahrung, nach wie vor in der Rolle der patriotischen Besserwisser und der großen Schlachtenlenker gefallen oder völlig absurde Kriegsziele in den Raum stellen.

Der Gipfel der Kritik ist mit der Kaiserepisode ab S. 179 erreicht, die die Person und Institution des Kaisers in Zweifel zieht, lächerlich macht und geradezu fundamentaloppositionelle Züge unter den Männern offenlegt. Zunächst wird Kaiser Wilhelm II. lächerlich gemacht, indem ihn Tjaden auf sein menschliches Bedürfnis eine Toilette aufzusuchen reduziert. Tjaden verwendet ausdrücklich den Begriff der »Latrine« (S. 180), die den Soldaten an der Front als behelfsmäßiger gemeinschaftlicher Abort dient und den Kaiser wirklich jeder Vornehmheit beraubt. Anschließend wird der dadurch vermenschlichte Kaiser am Vorwurf gemessen, dass der Krieg hätte vermieden werden können, wenn es der Wille der Staatsoberhäupter gewesen wäre (S. 180). Die folgenden Überlegungen zielen darauf ab, die offizielle Propaganda zu entwerten,

Fundamentalopposition

die in allen Ländern die Schwarzweißmalerei bzw. Dichotomien von Gut und Böse, Recht und Unrecht zur Erhöhung der eigenen Rolle im Krieg stützt, während der Feind hierdurch verdammt wird. Tjadens Auffassung vom Wilhelminischen Staat wird mit der Trias »Feldgendarmen, Polizei, Steuer« (S. 182) überspitzt dargelegt, womit er ein seine Bürger obsessiv kontrollierendes und vor allem abkassierendes Staatswesen meint, ob nun im Krieg oder im Frieden, an der Front oder daheim. Widerspruch erntet er nicht.

Verfall der Mentalität des Kaiserreichs

Damit lässt sich bilanzieren, dass der Krieg die eingetrichterte Obrigkeitsmentalität bzw. Autoritätsgläubigkeit nicht nur, aber vor allem der Soldaten in großem Stil aushöhlt. Der Wert der Hierarchien wird in Frage gestellt, wenn die Vorgesetzten in den oberen Hierarchien ihre Position unwürdig ausüben oder die nötigen Schlussfolgerungen nicht zu ziehen im Stande sind (was in diesem Fall bedeutet: den Krieg zu beenden, weil der Feind erdrückend überlegen ist). Man täte dem Roman Unrecht, ihm einen Aufruf zur Revolution entnehmen zu wollen. Wohl aber wird die Stimmung der Soldaten authentisch aufgenommen, denen in den Jahren 1917 und 1918 der Hurra-Patriotismus abhanden kam.[20]

20 Dieser Aspekt ist von Beginn an in der Rezeption des Romans wichtig geworden und wird im 8. Kapitel dieses Lektüreschlüssels anzusprechen sein. Aus politischen Gründen versuchte die politische Rechte, dem Roman anhand herausgepickter Details seine Authentizität abzusprechen.

Der biografische Bezug zu Remarque

Remarque als Soldat

Remarque wurde am 21. November 1916 Soldat.[21] Er hatte bereits die damals übliche vormilitärische Prägung aller jungen Männer in der Jugendwehr hinter sich und wurde zunächst in der Caprivi-Kaserne in Osnabrück als Rekrut mit der damals üblichen Schärfe ausgebildet. In der Lüneberger Heide wurde das praxisnah fortgesetzt. Remarque bekam in dieser Zeit Urlaub, um sich um die kranke Mutter kümmern zu können.[22] Ab dem 12. Juni 1917 wurde er dann an die Front verlegt. Die Tätigkeit als sogenannter Schipper bedeutete, dass er für Instandhaltungsarbeiten, das Verlegen von Telefonleitungen und das Ziehen von Stacheldrahtzäunen vor der Front herangezogen wurde – eine gefährliche Arbeit im Artilleriefeuer. Doch Remarque war nicht in erster Linie der Infanterist im Schützengraben, wie es Paul war, der laufend den Nahkampf oder Stoß und Gegenstoß hat ertragen müssen.

Der Einsatz in der Gegend Yperns wurde für Remarque am 31. Juli 1917 zum Wendepunkt, als er mit seiner Einheit in den tagelangen Beschuss der Englän-

21 Neben den Biografien in Buchform wie der von Sternburg ist die von der Universität Osnabrück betreute Webseite »Erich Maria Remarque-Friedenszentrum« äußerst empfehlenswert: www.remarque.uni-osnabrueck.de/index.htm (Stand: 21. 2. 2023).

22 Vgl. Wilhelm von Sternburg, »Als wäre alles das letzte Mal«. Erich Maria Remarque. Eine Biographie, Köln 2000, S. 75 ff.

der während der Flandernschlacht geriet.[23] Er wurde von mehreren Splittern erwischt und kam in ein Lazarett. Die Verwundungen waren zwar nicht lebensgefährlich, aber die Heilung langwierig und durch hartnäckige Infektionen belastet. Für Remarque war der Krieg damit vorbei, was weitere Fronteinsätze anbelangt. Ein möglicher Fronteinsatz blieb ihm nach seiner Genesung zum Kriegsende erspart, weil Deutschland kapitulierte. Er erhielt aber noch im Nachhinein das Eiserne Kreuz, 1. Klasse; in den Beschreibungen der Kameraden galt er als mutig und war beliebt.[24]

■ Fronterfahrung und Verletzung

Bereits an diesem Punkt lohnt eine kleine Zwischenbilanz. Beim aufmerksamen Lesen fallen Parallelen zur Biografie Remarques auf: Heimatbesuch, die kranke Mutter, starker Beschuss, Schanzarbeiten, die Flandernschlacht. Remarque hat seinen verwundeten Schulfreund namens Troske huckepack vom Schlachtfeld geschleppt; das erinnert an die Szene, die mit Katczinskys Tod endet und Paul innerlich zerbrechen lässt. Die Zeit Remarques an der Front war vielleicht kürzer als die anderer, aber man wünscht diese Erfahrungen keinem. Und vor allem war sie lang genug, um das Grauen des Krieges, Todeserfahrungen und Stimmungen mitzunehmen, sodass es im Grunde unverständlich ist, was die frühen wütenden Zweifler, die

■ Parallelen: Roman und Biografie

23 Die Webseite www.remarque.uni-osnabrueck.de/index.htm nennt den 30. 7. 1917.

24 Vgl. die Biografie in Daten, www.remarque.uni-osnabrueck.de/index.htm (Stand: 21. 2. 2023).

Abb. 7: Verlauf Westfront – © picture-alliance

ihm beispielsweise vorwarfen, keine richtigen Fronterfahrungen gemacht zu haben oder Unwahres zu verbreiten, durch ihre Kritik des Romans erreichen wollten.[25]

25 In diesem Zusammenhang sind die früh gefallenen, jungen Schriftsteller des Expressionismus zu nennen. Ihre Eindrü-

Remarques Gesamtwerk charakterisiert, dass er immer wieder Biografisches in Form von Anlehnungen an Situationen, Erlebnisse oder Personen in seine Bücher einwob. Den Namen Paul Bäumers erkennt man beispielsweise im Geburtsnamen der Großmutter Remarques wieder, Adelheid Maria Bäumer. Aber prinzipiell handelt es sich bei seinem Roman um Fiktion; ganz gleich, wie stark die Ähnlichkeiten zwischen »Dichtung und Wahrheit« sind, um Goethe zu bemühen.[26]

Dichtung ist nicht die Wahrheit

Die Zeit im Lazarett nutzte der verwundete Remarque jedenfalls, um intensive Gespräche mit anderen über ihre Fronterfahrungen zu führen. Diese wollte er in ein Werk über den Krieg einfließen lassen. Die Arbeit an seinem Roman begann somit praktisch im Jahr 1917, also noch bevor der Krieg beendet war. Der Roman *Im Westen nichts Neues* hat damit eine für Literaturwissenschaftler und natürlich auch Psychologen interessante Bewandtnis, da er eine Form der Aufarbeitung der Kriegserlebnisse darstellt, ohne dass es möglich oder sinnvoll wäre, eine Eins-zu-eins-Übertragung zu beweisen.

cke schon bald nach Kriegsbeginn belegen hinreichend, wie schnell die Desillusionierung infolge des Kriegs einsetzte.

26 Der Schriftsteller Thomas Hettche hat den Unterschied zwischen literarischer Fiktion und der (scheinbaren) Realität mit dem Satz »Literatur beginnt jenseits dessen, was ist« (Widmung zu seinem Roman *Die Liebe der Väter*, 2010) beschrieben.

7. Autor und Zeit

Der Autor

Die Biografen haben es nicht leicht mit ihm und müssen sich mit der Tatsache abmühen, dass der intelligente, sensible Mann früh anfing, das eigene Leben zu stilisieren. Möglicherweise sind diese Momente, in denen er sich ein äußeres Bild zu geben trachtete, zugleich Ausdruck einer Getriebenheit, Unzufriedenheit und Sehnsucht nach künstlerischer Kontinuität.

Erich Paul Remark wurde am 22. Juni 1898 in Osnabrück geboren.[27] Später erst hat sich Remarque die französische Schreibweise zu eigen gemacht (ab 1922), weil die deutsche Schreibweise im Kaiserreich als erwünscht schien. Die Ahnen kamen aus Frankreich, die Eltern zogen nach der Heirat über Zwischenstationen nach Osnabrück. Vater und Mutter Remarques waren kleinbürgerlicher Herkunft und lebten ein von Fleiß und Sparsamkeit geprägtes Leben. Die Familie zog häufig um, aber die Wohnungen lagen immer in der Nähe zur Natur und boten dem heranwachsenden Jungen Wälder, Wiesen und Bäche zum Spielen. Remarque besuchte ab 1904 die Domschule und später eine andere Volksschule. Für bessere Schulen fehlte den Eltern das Geld. Remarques Zeugnisse waren gut und berechtigten zu höheren Hoffnungen.

■ Herkunft

Viel Aufwand musste er hierfür nicht betreiben,

27 Sternburg (s. Anm. 22), S. 61 und www.remarque.uni-osnabrueck.de (Menüpunkt Biografie) (Stand: 21. 2. 2023).

konnte die Schule also nebenher laufen lassen. In seinem Lieblingsfach, der Literaturgeschichte, schienen seine Leistungen sogar herausragend gewesen zu sein. Der Vater versuchte anscheinend den Jungen und seine Lesewut zu fördern. Remarque verschlang wohl geradezu die Klassiker und hatte eine große Liebe zu Eichendorff.[28] Ab 1912 schaffte es Remarque, weiterführende Schulen unter katholischer Leitung zu besuchen, die ihm die Chance boten, später einmal dem Wunsch der Eltern gemäß die Lehrerlaufbahn einzuschlagen. Ab 1915 konnte Remarque schließlich das katholische Lehrerseminar besuchen, sodass er perspektivisch aus dem Arbeiterstand aufsteigen konnte.

Guter Schüler, Vielleser

Etwa in diese Zeit fiel auch Remarques Freundschaft mit dem Dichter, Kunst- und Liederfreund Fritz Hörstemeier, der einen kleinen Kreis jugendlicher Bewunderer um sich versammelt hatte und mit ihnen unermüdlich die schönen Künste in seiner Dachwohnung pflegte. Dort ging es wohl frei von allen Zwängen zu, es wurde viel gelesen, musiziert und philosophiert; und immer ist es unkonventionell – auch in Liebesdingen. Junge Mädchen tauchten dort ebenfalls auf, und da Remarque ein ungewöhnlich gutaussehender junger Mann war, begann hier wohl seine lebenslange Rolle als Frauenschwarm. Im Sommer 1916 erschienen seine erste Erzählung mit dem Titel *Von den Freuden und Mühen der Jugendwehr* sowie ein Essay.

Literarischer Zirkel

28 Vgl. Sternburg (s. Anm. 22), S. 65.

Am 21. November 1916 allerdings holte auch Remarque die Kriegswirklichkeit ein. Er wurde einberufen, erhielt seine Grundausbildung und wurde schließlich im Juni 1917 mit seiner Einheit an die Front im Ypern-Bogen (Westflandern) verlegt. Dort hatte ihn die ungeschönte Härte des Krieges schnell erfasst. Gasangriffe, Schanzarbeiten unter Beschuss, Gespräche, schreckliche Bilder und schließlich eine schwere Verwundung am 30./31. Juli 1917 während des tagelangen Artilleriebombardements der Flandernschlacht. Granatsplitter und ein Schuss erwischten ihn am Arm, Bein und am Hals.

■ Einberufung

Im Lazarett erholte sich Remarque von den komplizierten Verletzungen nur langsam; er erfuhr zudem im September 1917 vom Tod der Mutter durch Krebs und bald darauf vom Tod des bewunderten Fritz Hörstemeier. Er befragte spätestens ab November 1917 intensiv andere Soldaten nach ihren Erlebnissen und sammelte minutiös deren Berichte; er wollte ein Buch über den Krieg schreiben. Remarque schrieb gelegentlich kleinere Texte zur Ablenkung und befand sich in einem steten Auf und Ab der Gefühle. Kurz vor Kriegsende wurde er für geheilt erklärt, an die Front versetzt, musste aber nicht mehr kämpfen, weil das Reich kapitulierte.

■ Aufarbeitung und schlechte Nachrichten

Die Nachkriegszeit warf Remarque wie alle anderen Soldaten auch in ungewisse Zeiten zurück. Er erhielt rückwirkend eine Kriegsauszeichnung, die ihm aber zu dem Zeitpunkt nicht viel bedeutete. Im Januar 1919 wurde er unter Verzicht auf seine Auszeichnungen

■ Schwieriger Einstieg ins normale Leben

aus der Armee entlassen. Remarque entschloss sich, die Arbeit als Lehrer aufzunehmen und legte die noch ausstehenden Prüfungen ab, sodass er im Sommer 1919 seine erste Stelle als Lehrer antreten konnte. In der Folgezeit erkennt man in der Fülle der Aktivitäten, dass Remarque irgendwie unzufrieden war und deshalb oft seine Richtungen wechselte, was sich auch in seiner literarischen Produktion dieser Zeit dokumentiert (kleinere literarische Texte und Gedichte).

Spätestens im Jahr 1920 bekam Remarque überdies Ärger mit der Schulbehörde, weil man ihm nachsagte, er habe eine politisch radikale Gesinnung und sympathisiere mit den Spartakisten (einer Vereinigung marxistischer Sozialisten).[29] Remarque warf Ende 1920 den Lehrerberuf hin und kompensierte die innere Unzufriedenheit mit dem Roman *Die Traumbude*, in dem er die schöne Zeit der schwärmerischen Treffen bei Fritz Hörstemeier einarbeitete.

■ Unbefriedigender Lehrerberuf

In den nächsten Jahren nahm Remarque verschiedene Jobs an (z. B. als Werbetexter), war literarisch-journalistisch vergleichsweise produktiv und nahm ab 1925 eine feste Stelle als Redakteur bei *Sport im Bild* in Berlin an. In diese Zeit fällt auch die Heirat mit der Tänzerin Jutta Zambona; eine – obwohl sie bald offen geführt wurde – lange Beziehung. 1930 wurde die Ehe zwar geschieden, 1938 heirateten sie jedoch ein zweites Mal. Remarque hatte Zugang in die durchaus angesehenen Kreise Berlins und setzte sein Erschei-

■ Arbeit als Journalist und Redakteur

29 Vgl. Sternburg (s. Anm. 22), S. 106–110.

Abb. 8: Remarque während seines Aufenthalts 1929 im Hotel Curhaus in Davos. – Bundesarchiv Bild (CC BY-SA 3.0 de)

nungsbild etwas dandyhaft mit guter Kleidung und einem Monokel in Szene.

Ab 1927 Niederschrift

Offenbar arbeitete er verstärkt im Jahr 1927 am Roman *Im Westen nichts Neues*, den er im Februar 1928 an dem renommierten Fischer-Verlag einsandte. Das wurde zum großen Wendepunkt im Leben Remarques. Auch wenn der Roman von Fischer und mutmaßlich weiteren Verlagen[30] abgelehnt wurde (man konnte sich nicht vorstellen, dass das Kriegsthema noch genügend Absatz finden könnte), griff der Ullstein-Konzern zu und begleitete die Vorab-Veröffentlichung in der *Vossischen Zeitung* 1928 bzw. die erste Buchfassung 1929 mit einer umfassenden Werbekampagne, die den Roman binnen weniger Monate des Jahres zum absoluten Bestseller machte; auch international.

Durchbruch als Bestsellerautor

Anfeindung

Dazu trug die verbitterte Anfeindung des Romans und seines Autors bei, den die politische Rechte vorantrieb. Selbst die Verfilmung in den USA (Lewis Milestone, Universal Pictures) wurde 1930 ein Politikum und in Deutschland erst recht. Die Nationalsozialisten setzten alles daran, die Aufführungen in den Kinos zu stören und erreichten mit ihren Tumulten um den Film ein Filmverbot. Die folgenden Jahre im Leben Remarques stehen ganz im Schatten des Erfolgs von *Im Westen nichts Neues*. Vor den Anfein-

30 Vgl. Peter Silens, »Kein Rezept für Bestseller«. Gespräch mit Erich Maria Remarque, Januar 1963, in: www.remarque.uni-osnabrueck.de/emr-interviews/faksimiles/silens%20 1963.pdf (Stand: 21. 2. 23).

dungen der Nationalsozialisten zog sich Remarque in die Schweiz zurück, wo er 1931 ein Anwesen am Lago Maggiore erwarb. In Deutschland wurden Remarques Bücher 1933 verbrannt und ihm 1938 die Staatsbürgerschaft aberkannt. Remarque selbst hielt sich in politischen Fragen eher zurück, obgleich es keinen Zweifel an seiner pazifistischen Grundhaltung und der Verachtung des NS-Regimes geben kann.

Emigration

Offiziell jedenfalls lebte Remarque ab 1939 in den USA (die US-amerikanische Staatsbürgerschaft erhielt er 1947), wo er im Gegensatz zu vielen anderen emigrierten Schriftstellern hohes Ansehen und Verkaufserfolge seiner Werke genoss. Immer wieder zog es Remarque trotz seiner Bewunderung einer pulsierenden Metropole wie New York in sein Haus am Lago Maggiore in der Schweiz zurück.

Der belastende Erfolg

Remarques Erfolge machten ihn zu einem Star, der diesen Trubel nur begrenzt aushielt und dessen weitere literarische Arbeit unter dem Vergleich mit seinem großen Roman litt. Er kam nicht immer gut damit zurecht, dass alles an diesem Werk gemessen wurde. In der Zeit nach dem Zweiten Weltkrieg ist Remarque trotz gesundheitlicher Probleme umtriebig. Neben den Romanen ist es die Mitarbeit an Filmproduktionen und Drehbüchern. Sein Privatleben ist nicht weniger unruhig. Remarque genoss das Leben, nächtliche Gespräche mit guten Drinks und hatte zahlreiche Affären, darunter große Hollywood-Schönheiten wie Marlene Dietrich, Greta Garbo und Paulette Goddard. Das machte ihn für die Presse interessant, die nicht verstand, dass er sich der Öffentlichkeit lieber über seine Werke ohne weiteren Pressetrubel mitteilte.

Schwerpunkte im Werk

Diese lassen sich als aufmerksame Analyse der Zeit verstehen. Dabei hat Remarque an den Roman *Im Westen nichts Neues* angeknüpft, indem er die Schwierigkeiten Einzelner in der Weimarer Republik (z. B. *Der Weg zurück*, 1931; *Drei Kameraden*, 1938) oder die Exilsituation vor dem Hintergrund der Flucht vor dem NS-Regime (*Die Nacht von Lissabon*, 1962) thematisierte. Die Auflistung aller Werke, wie man sie beispielsweise auf der erwähnten Webseite der Forschungsstelle der Universität Osnabrück einsehen kann, zeigt einen vielseitigen Autor, der übrigens selbst unzufrieden mit dem Umfang seiner Arbeitsleistung im Vergleich zu dem anderer Schriftsteller war, die ihm wiederum die Millionenauflagen neideten.

Bilanz des Erfolgs

Allein der Roman *Im Westen nichts Neues* ging in wohl 40 Millionen Exemplaren über die Ladentheke und liegt in über 50 Sprachen vor. Bezeichnend für die Rezeption Remarques, die sich scheinbar stets an politischen Motiven bemisst, ist die recht spät einsetzende Ehrung seiner Werke. Die Verleihung des Bundesverdienstkreuzes im Jahr 1967 beispielsweise ist in einer zu der Zeit tendenziell eher linksliberal eingestellten Gesellschaft wenig verwunderlich. Die meisten Ehrungen sind erst danach zustande gekommen, insbesondere nach Remarques Tod. Er selbst hatte wenig Freude an diesem Interesse an seiner Person,

Späte Ehrung in Deutschland

da er in seinen letzten Jahren unter seinen Herzproblemen und einem Schlaganfall gelitten hat. Er starb am 25. September 1970.

Die Zeit

Bismarcks Rolle

Als Otto von Bismarck (1815–1898) im Jahr 1890 widerwillig Kaiser Wilhelm II. um seinen Rücktritt als Reichskanzler bat, titelte das bekannte englische Satiremagazin *Punch* eine legendäre Karikatur mit den Worten »Dropping the Pilot«.[31] Diese vielleicht bekannteste Karikatur Bismarcks bringt seine Bedeutung für das Staatsschiff Deutschland zum Ausdruck. Bismarck hatte auf dem europäischen Kontinent kraft seiner autoritären Persönlichkeit und der Stellung des Deutschen Reiches als Großmacht über Jahre hinweg ein außenpolitisches Gefüge gestaltet, das komplex, in Teilen widersprüchlich und im Großen und Ganzen friedenssichernd zugleich war.

Bismarck wollte unbedingt nach den Einigungskriegen den argwöhnisch auf die deutsche Militärmaschinerie blickenden Nachbarstaaten den Eindruck vermitteln, dass Deutschland keine Interessen an weiteren Territorialgewinnen oder aggressiven Schritten habe. Bismarck machte es zur Hauptaufgabe seiner Außenpolitik, durch sein Bündnissystem eine Zwei-

Zielsetzungen Bismarcks

31 Vgl. Natalie Wohlleben, »Ein Steuermann, kein Lotse: Vor 130 Jahren erschien ›Dropping the pilot‹«, in: *bismarck-stiftung.de*, 25. März 2020, www.bismarck-stiftung.de/tag/der-lotse-geht-von-bord/ (Stand: 21. 2. 2023).

frontensituation des von mehreren Staaten umgebenen Deutschen Reiches im Kriegsfall auszuschließen.[32] Bismarck schaffte es, das mächtig erscheinende Deutsche Reich nach der für Frankreich demütigenden Reichsgründung im Spiegelsaal von Versailles (18. Januar 1871) als an gesamteuropäischer Stabilität interessiert darzustellen, indem er in Krisensituationen die Vermittlerrolle einnahm, so beispielsweise 1878 beim Berliner Kongress. Dem komplexen Bündnissystem lag die Absicht zugrunde, alle Großmächte Europas mit dem Deutschen Reich in ein Bündnis zu führen bzw. des Deutschen Reiches bedürftig erscheinen zu lassen, wie es Bismarck im sogenannten Kissinger Diktat von 1877 formulierte. Eine Reihe von Verträgen hatte das Reich gegen Koalitionen abgesichert und besonders mit Österreich-Ungarn ein dauerhaftes Bündnis geschmiedet. Mit Frankreich hingegen gab es keines. Bismarck gab sich nicht der Illusion hin, dass nach dem Deutsch-Französischen Krieg 1870/71 und den für Frankreich harten Friedensbedingungen eine Aussöhnung gelänge, und er setzte voll auf die Isolation Frankreichs innerhalb seines Bündnissystems.

Neuer Kurs

Mit Wilhelm II. kam 1888 eine Persönlichkeit auf den Kaiserthron, mit der sich der betagte Reichskanzler nicht gut verstand; er zog später mit dem eigenen Rücktritt die Konsequenzen. Das außenpolitische Lebenswerk Bismarcks erodierte in wenigen Jahren

32 Vgl. zur Außenpolitik Bismarcks z. B. Dirlmeier [u. a.] (s. Anm. 1), S. 306–328.

nach 1890 in den Händen seiner Nachfolger, die die anderen Staaten unterschätzten oder mit theatralischen Gesten, lauten Tönen und provokanten außenpolitischen Schritten Bismarcks Bündnissystem gründlich ruinierten, sodass sich das Deutsche Reich spätestens 1907 praktisch selbst nahezu in der Isolation wiederfand.

Im Jahr 1914 jedenfalls stand lediglich Österreich-Ungarn fest an der Seite des Reichs, während die übrigen europäischen Großmächte voller Misstrauen auf die lauten Töne Wilhelms II. achteten oder wie Frankreich auf Revanche für die nationale Schmach nach 1871 sannen.

■ Fast isoliert: Deutschland 1914

In Deutschland scherte sich nur eine Minderheit darum, was man im Ausland über Deutschland dachte. Mit Stolz blickte man auf die Tatsache, dass das Deutsche Reich kurz vor dem Ersten Weltkrieg in Europa ein Kraftprotz war. Im Bereich der Industrieproduktion hatte Deutschland im weltweiten Vergleich den zweiten Platz hinter den USA inne; in wichtigen modernen Schlüsselindustrien war man führend. Mit etwa 65–67 Millionen Einwohnern war das Reich auf einem überdeutlichen zweiten Platz und verfügte über eine entsprechend nicht nur zahlenmäßig starke Armee. Lediglich Russland hatte eine größere Bevölkerungszahl und damit einhergehend zumindest nominell eine etwas größere Zahl an aktiven Landstreitkräften.

■ Militarismus und Nationalstolz

Allerdings konnte nicht der geringste Zweifel an der absolut herausragenden Qualität des deutschen

Heeres bestehen. In den sogenannten Einigungskriegen bis 1871 hatte man die Gegner sowie alle beobachtenden Staaten das Fürchten gelehrt. Die taktische Schulung, der Stand der Ausbildung der einfachen Mannschaften, das Fachwissen der Offiziere und die Genauigkeit der Waffen suchten in diesen Kriegen ihresgleichen; das Tempo und die Präzision der Operationen und schnell errungenen Siege haben im Nachhinein einen in der Bevölkerung derart breit angelegten Militarismus befördert, dass man sich beim Gedanken an eventuelle Gegner in der Auffassung zurücklehnte, diese sollten ›doch ruhig mal kommen‹. Millionen Mitglieder in Militär- und Kriegervereinen schufen eine permanente Atmosphäre des militaristischen Stolzes, wenn nicht gar der Unbesiegbarkeit.

■ Der Stolz auf das Militär

Die feinfühligeren Beobachter in den Ländern Europas kamen zu anderen Schlussfolgerungen, was eventuelle Kriege der Zukunft anbelangte. Ihnen war bewusst, was die Industrialisierung um die Jahrhundertwende bewirkt hatte und dass die moderne Waffentechnik allen Industrienationen zur Verfügung stand. Selbst der Sekretär des damaligen deutschen Reichskanzlers Bethmann Hollweg, Kurt Riezler, äußerte sich im Jahr 1913 skeptisch in Bezug auf militärische Auseinandersetzungen, weil das in Anbetracht des Stands der technisch hochwertigen Massenproduktion in Europa der reine Wahnsinn sei.[33] Bereits im Jahr 1905 hatte die Friedensforscherin Bertha von

■ Revolutionierung der Waffentechnik

33 Vgl. Holger Afflerbach, *Auf Messers Schneide. Wie das Deutsche Reich den Ersten Weltkrieg verlor*, München 2018, S. 20.

Suttner den Friedensnobelpreis erhalten, weil sie unermüdlich vor den Folgen des industrialisierten Krieges warnte.

Aber das interessierte die Mehrheit nicht. In Europa rüsteten die Länder in ungeahnten Dimensionen auf, weil jedes Land mitbekam, dass die Nachbarn emsig bestrebt waren das Gleiche zu tun, in latenten Spannungen untereinander befangen waren und sich seit der zweiten Hälfte des 19. Jahrhunderts im Wettlauf um Kolonien befanden. In Deutschland herrschte die Auffassung vor, man müsse sich vorsichtshalber wappnen, weil man in einen Verteidigungskrieg gedrängt werde, den aggressive Nachbarstaaten mit ihrer Einkreisungspolitik erzwingen würden.[34] Internationale Krisen taten ihr Übriges, die Stimmungslage anzuheizen. Jüngere Forschungen haben erwiesen, dass die europäischen Staaten die Gesamtlage unterschätzten und der Versuch hinter der Wirklichkeit zurückstehen muss, mit Gewissheit einen eindeutig bestimmbaren Hauptschuldigen für das zu benennen, was sich im Juli 1914 entwickelte – der Weg in den Ersten Weltkrieg.[35]

Allgemeines Rüsten

Die tödlichen Schüsse auf das Thronfolgerpaar Österreich-Ungarns in Sarajewo am 28. Juni 1914 anlässlich eines demonstrativen Staatsbesuchs im unruhigen Süden des Habsburgerreichs erfolgten im denk-

34 Vgl. Hirschfeld/Krumeich (s. Anm. 15), S. 11–31.

35 Diese Frage sorgt für Zündstoff, auch nach mehr als 100 Jahren. Zur Julikrise vgl. Hirschfeld/Krumeich (s. Anm. 15), S. 33–48.

bar ungünstigsten Moment einer auf das Prestige der eigenen Nation bedachten Gesamtlage Europas. Das schwächelnde Habsburgerreich musste reagieren, um das Gesicht zu wahren, unterschätzte aber die bündnispolitische Kettenreaktion in Europa im Falle einer Strafaktion in der Balkanregion, in der sich Russland engagierte und Frankreich als Bündnispartner Russlands nicht den Unbeteiligten spielen konnte; zumal der französische Staatspräsident Poincaré über Jahre hinweg die Nähe zu Russland in der Absicht suchte, es den Deutschen heimzuzahlen. Österreich-Ungarn wiederum fragte Deutschland nach seiner Haltung in der Sache und nahm am 5. Juli mit der Zusicherung Berlins, man werde an der Seite Österreich-Ungarns stehen, an, frei handeln zu können (der sogenannte Blankoscheck). Man stellte Serbien ein Ultimatum mit ehrabschneidenden Bedingungen.

■ Juli-Krise

Vor dem Hintergrund präziser militärischer Planungen für den Fall, dass ein Gegner Kriegsabsichten hegte und es um die rechtzeitige Mobilisierung der eigenen Kräfte ging, entwickelte sich die sogenannte Juli-Krise. Die Folgen sind katastrophal. In der Auffassung, dass Gefahr in Verzug sei, erfolgten die Mobilmachungen und Kriegserklärungen der einzelnen Länder in der verständlichen Absicht, sich nicht von einem schneller agierenden Gegner überrennen zu lassen. Es mangelte allen Beteiligten am unbedingten Willen, den Frieden zu wahren.

■ Mangelnder Friedenswille

■ Augusterlebnis

Die Bilder der Kriegsbegeisterung im August 1914 in Deutschland (in den anderen Ländern Europas war

Abb. 9: Mobilmachung 1914: Deutscher Truppentransport. – Bundesarchiv (CC BY-SA 3.0 de)

es nicht grundlegend anders) täuschen über die Tatsache hinweg, dass die Reaktionen bei genauerem Blick gemischt ausfielen.[36] Es gab mahnende Stimmen, verängstigte Menschen und Antikriegskundgebungen mit Teilnehmerzahlen in den Zehntausenden. Aber die Bilder mit den jubelnden Menschenmassen, die die ausrückenden Truppen in den Städten mit Blumen bewarfen, und die zackigen Beschriftungen der Eisenbahnwaggons wie »Zum Schützenfest nach Frankreich« sind im kollektiven Gedächtnis haften geblieben und haben sich zum »Augusterlebnis« in den Köpfen verdichtet.

Erklären lässt sich dies mit einem Wechselbad der

36 Vgl. Hirschfeld/Krumeich (s. Anm. 15), S. 51–68.

Gefühle, den Anspannungen, die sich in den Monaten vor dem großen Knall aufgestaut hatten, der »Vorkriegsmentalität«[37] sowie der Auffassung, dass alle gemeinsam an einem Strang ziehen müssten, um im Kampf gegen die Deutschland einkreisenden Feindstaaten zu bestehen. Vielen Intellektuellen erschien der Krieg zudem als Befreiungsschlag einer erstarrten Gesellschaft, der die Menschen zum Größten und Edelsten befähige. »Denn einerlei, wie der Erfolg ist – dieser Krieg ist groß und wunderbar«, wie es der berühmte Soziologe Max Weber formulierte.[38] Mit den stürmischen Anfangserfolgen der deutschen Armee schaukelte sich der Patriotismus immer höher und erfasste nahezu alle Bereiche des öffentlichen Lebens. In den Theatern, Zeitungen, Publikationen oder Alltagsgesprächen gab ein mitunter schwülstig klingendes Pathos den Ton vor; befeuert von einer Kriegspropaganda, die die eigene Sache veredelte und den Gegner verteufelte. Hingerissen von den Wogen der Begeisterung hatten sich viele junge Leute freiwillig an die Front gemeldet oder gingen willig; unter ihnen Schriftsteller, die den Expressionismus entscheidend prägten, wie Georg Trakl, Alfred Lichtenstein oder August Stramm.

Der unterschätzte Krieg

Dieser Lektüreschlüssel ist nicht der Ort, um den Kriegsverlauf zu beschreiben; dafür sind die im Literaturverzeichnis genannten exzellenten Darstellun-

37 So die Formulierung in Hirschfeld/Krumeich (s. Anm. 15), S. 11.

38 Hirschfeld/Krumeich (s. Anm. 15), S. 59.

Abb. 10: Preußische Soldaten beim Verlassen Berlins, August 1914 – © picture-alliance/AP

Abb. 11: Der Stellungskrieg. Beschuss deutscher Soldaten im Schützengraben an der Westfront 1917/18. – © Deutsches historisches Museum, Berlin

gen die erste Wahl. Zwei Hinweise möchte ich dennoch geben: Trotz der Stimmen, die auf die zu erwartende neue Dimension des modernen Krieges verwiesen, zogen die Soldaten weitgehend in der Euphorie los, ein kurzes männliches Abenteuer zu erleben, nur um schnell festzustellen, sich getäuscht zu haben.[39] Nach einer Phase der Anfangseuphorie trat in den Armeen der Kriegsparteien eine Ernüchterung ein, die sich dann zur Kriegsmüdigkeit entwickelte, man machte nur noch irgendwie weiter. Dabei kam es punktuell zu denkwürdigen Szenen wie der kurzen Verbrüderung der Gegner im Niemandsland der Front zur Weihnachtszeit, Befehlsverweigerungen im großen Stil bei Angriffen oder der in der deutschen Armee ausgeprägten Antikriegsstimmung im Jahr 1918 nach der letztlich gescheiterten Michael-Offensive, die den militärischen Sieg an der Westfront gegen die Entente-Mächte erzwingen sollte, was der späteren Dolchstoß-Legende Vorschub leistete. In der wird die Niederlage bekanntlich einer angeblich wühlerisch-subversiven Arbeit linker Kreise angelastet, die der Armee die Kampfkraft genommen habe.

■ Desillusionierung

39 Vgl. beispielsweise Afflerbach (s. Anm. 33), S. 183 ff.; Ian Kershaw, *Höllensturz. Europa 1914 bis 1949*, München [4]2016, ab S. 73, und Hirschfeld/Krumeich (s. Anm. 15), S. 153 ff; Der Erste Weltkrieg. Eine europäische Katastrophe, hrsg. Bruno Cabanes und Anne Duménil, Bonn.: BpB, 2013.

8. Rezeption

Der Roman *Im Westen nichts Neues* konnte als Antikriegsroman in einer gespaltenen Gessellschaft zum Zeitpunkt seines Erscheinens eigentlich nichts anderes als ein hässlich diskutiertes Politikum werden; das aber nur, weil er erfolgreich war. Das gesellschaftliche Klima war Ende der 1920er vergiftet. Die politischen Gegensätze spitzten sich zu, die Folgen des Versailler Vertrags waren präsent und wurden von der politischen Rechten zum Dauerthema gemacht, die Weltwirtschaftskrise deutete sich den genau hinsehenden Beobachtern bereits an, die in Richtung Amerika blickten und um die Vernetzung der großen Banken und Kredite wussten. Man tut Remarque bestimmt nicht Unrecht, wenn man ihn im frühen Jahr 1928 nicht unbedingt als den zugkräftigen Autor beschreibt, der er dann 1930 war.

■ Ein Antikriegsroman

Remarque war sich hingegen sicher, dass sein Manuskript gut war, aber einen Namen, der das unterstützen würde, hatte er noch nicht oder zumindest nur eingeschränkt. Der enorm prestigeträchtige Fischer-Verlag lehnte den Roman jedenfalls ab, weil man sich nicht vorstellen konnte, dass das Kriegsthema im Jahr 1928 immer noch die Leute zum Kauf animieren würde. Es sieht so aus, als habe Remarque wohl auch von weiteren Verlagen Absagen erhalten.[40] Der Ullstein-Verlag hingegen wurde aufmerksam. In

■ Selbstbewusster Remarque?

40 Vgl. Peter Silens, »Kein Rezept für Bestseller«. Gespräch mit Erich Maria Remarque, Januar 1963, in: www.remarque.

der Chefetage war man gefesselt, und interne Gutachter, allen voran am 4. September 1928 Dr. Carl Jödicke, forderten vehement, den Roman zu drucken.[41] Man drang Remarque zur Abmilderung seiner Typoskript-Fassung, die wohl etwas zu offensiv formulierte Kritik am Krieg und den Eliten der Wilhelminischen Gesellschaft enthielt.

Die Erst- bzw. Vorabveröffentlichung in der *Vossischen Zeitung* im November 1928 läutete der zahlungskräftige Ullstein-Konzern mit einer Ankündigung ein, die erstaunlich präzise die Gründe des kurz darauf einsetzenden Erfolgs antizipierte.[42] Kurz zusammengefasst wird den Lesern ein ungeschönter Blick auf den Krieg versprochen, der von denen spricht, die die Zähne zusammengebissen hätten und schwiegen. Sie seien von der Schulbank an die Front gegangen. Im Unterschied zu »Reden mit klingender Musik und wehenden Fahnen« werde nun einer aus der grauen Masse mitteilen, wie es gewesen sei.[43] Das zog. Tausende von Zuschriften und Vorbestellungen bewogen die Verlagsleitung, eine außergewöhnliche

uni-osnabrueck.de/emr-interviews/faksimiles/silens%20 1963.pdf (Stand: 21. 2. 2023).

41 Vgl. Remarque (s. Anm. 9), S. 312–316.

42 Vgl. Remarque (s. Anm. 9), S. 317–320.

43 In Universitätsbibliotheken wie beispielsweise der in Kiel kann man sich ganze Wagenladungen an Texten über den Ersten Weltkrieg durchsehen, in denen ehemalige Soldaten des Heeres oder der Marine ihre Erlebnisse darstellen. Das wird Frontsoldaten aus dem Mitarbeiterstab des Ullstein-Verlags bewusst gewesen sein. Vgl. zur Kriegsliteratur Vollmer (s. Anm. 13) und Schneider [u. a.] (s. Anm. 13).

Werbekampagne zu riskieren, die wochenlang mit riesigen Inseraten in den Tageszeitungen und Plakaten auf den Litfaßsäulen das Publikumsinteresse steigerte und natürlich zugleich von den ersten wütenden Reaktionen aus den rechten Kreisen profitierte, die ja ihrerseits alles daran setzten, den Roman zu diskreditieren.[44] Auch die Werbefotos spielten eine Rolle. Der ohnehin attraktive Remarque wurde z. B. (vgl. Seite 2 der hier zitierten Textausgabe) mit grimmigem Blick und einer geschickten Beleuchtung in der etwas unheimlich wirkenden Art der in der Nachkriegszeit beliebten Illusionsmagier in Szene gesetzt, sodass die Lektüre ein atemberaubendes Erlebnis zu werden versprach.

Großer Werbeaufwand

Das sensationelle Publikumsinteresse – der Roman knackte bereits im Mai 1929 die halbe Million an verkauften Exemplaren – erklärt sich im Rückblick durch die für viele in der Tat befreiende Entheroisierung des Kriegserlebnisses (hunderttausende Invaliden waren täglich auf den Straßen zu sehen; in Millionen Familien waren Leid und Verlust nicht vergessen). Natürlich besticht der Roman durch seine herausragende Qualität; Remarque ist ein fesselnder Autor, der gut vermarktet wurde. Und zuletzt ist die Hetzkampagne zu nennen, die, von den Urhebern der Hetze ungewollt, das Leseinteresse steigerte. Er sei gar nicht im Krieg gewesen, hieß es. Sein wahrer Name sei nicht Remarque, sondern Kramer (der deutsche Name Re-

Sensationserfolg

44 Vgl. Späth (s. Anm. 11), ab S. 175 oder den Materialteil in Remarque (s. Anm. 9).

mark rückwärts gelesen). Er greife die Ärzte in den Lazaretten an. Üble Beleidigungen machten die Runde. Im Wesentlichen liefen die Vorwürfe darauf hinaus, dass die Glorie der Reichswehr in den Augen der politischen Rechten angegriffen wurde und der Wehrwille in der Bevölkerung künftig unterhöhlt sein könnte.

Als die Verfilmung in die Kinos kam, erfuhr die Kontroverse um Remarque erneut einen Schub. Begünstigt durch die Wahlerfolge konnten die Nationalsozialisten nach permanenten Störungen in den Kinos ein Filmverbot erwirken und nach der Machtübernahme 1933 die Werke Remarques im wahrsten Sinne des Wortes bei ihren Bücherverbrennungen auf einen Scheiterhaufen werfen; die Aberkennung der Staatsbürgerschaft folgte 1938. International tat dies dem Ruhm Remarques keinen Abbruch.

■ Filmverbot und Bücherverbrennungen

In der Bilanz kann Remarque als der erfolgreichste deutsche Schriftsteller des 20. Jahrhunderts gewertet werden. Das Interesse an seinem Werk ist ungebrochen. Es gibt sogar einen merkbaren Anstieg des Interesses in den letzten 20 Jahren, sodass die Forschungsstelle in Osnabrück einige Probleme hat, die vielen Werkadaptionen zu erfassen.[45] Bemerkenswert ist die

■ Weiterhin beliebt

45 So der Literaturwissenschaftler und Kenner Remarques, Thomas Schneider, in einem Artikel der *Welt*, vgl. T. S., »Das Werk Erich Maria Remarques fasziniert noch immer«, in: *Die Welt*, 22. September 2020, www.welt.de/newsticker/dpa_nt/infoline_nt/boulevard_nt/article216278330/Das-Werk-Erich-Maria-Remarques-fasziniert-noch-immer.html (Stand: 21. 2. 2023).

Abb. 12: Felix Kammerer in *Im Westen nichts Neues* (2022). Filmszene. – © Reiner Bajo/Netflix/The Hollywood Archive

Tatsache, dass es von Land zu Land variiert, welcher Roman beliebter als andere aus der Feder Remarques ist, sodass es sich anbietet, Remarque nicht nur über den großen Erfolgsroman kennenzulernen, sondern ihn als einen Autoren zu verstehen, der den Folgegenerationen über seine Werke die jeweilige Zeit (die 20er, die 30er, die 40er) etwas besser zu verstehen hilft. Die jüngste Verfilmung des Romans von Edward Berger (2022) hat im Zusammenhang mit dem Krieg in der Ukraine einmal mehr Remarques Bedeutung in Erinnerung gerufen.[46]

46 Berger setzt in seinem aus meiner Sicht meisterhaft inszenierten Film auf eine freie, stofforientierte Adaption, die eine sinnlose Verschwendung von Menschenleben durch die politische Elite aus Gründen der Ehre hervorhebt und wei-

9. Wort- und Sacherläuterungen

7,2 **Front:** unmittelbare Kampfzone.

7,8 **Küchenbulle:** Jargon, Koch für die Einheiten.

7,12 f. **Gulaschkanone:** großes Transportbehältnis für Essen.

8,3 **vierzehn Tagen:** üblicher Kampfeinsatz für deutsche Soldaten.

8,9 **Langrohr ... dicke Brocken:** Artilleriegeschütze der Engländer.

8,25 **Notexamen:** vereinfachtes Prüfungsverfahren in Krisenzeiten.

9,7 **Kommißbrot:** Kommiss: umgangssprachlich für Militärdienst und die Ausrüstung; haltbares Brot zur Versorgung der Soldaten.

12,26 f. **Rekruten:** Auszubildende beim Militär.

12,27 **Gemeinschaftslatrine:** notdürftiger Abort/Toilette.

17,28 **Deserteure:** befehlswidrige Fahnenflüchtige.

19,27 **Tornistertragen:** Tornister: Rucksackform beim Militär.

21,16 **Morphium:** eines der stärksten Schmerzmittel.

23,4 **Drama »Saul«:** einflussreiches Drama (1857) vom kanadischen Schriftsteller Charles Heavysege (1816–1876).

tere Diskussionen um den Roman durch den bewusst freien Umgang mit dem Text fördert. Der letzte Angriff im Film, bis zur letzten Sekunde vor dem Waffenstillstand, mag besonders aus historischer Sicht irritierend sein, er unterstreicht aber die gerade genannte filmische Intention. Dass prägnante Äußerungen der Figuren aus dem Roman absichtsvoll anders zugeordnet werden, regt die Rezeption gleichfalls entscheidend an.

26,9 f. **Korporalschaften:** kleine Einheiten innerhalb eines Verbands wie z. B. der Kompanie.

31,7 **Prothesen:** künstliche Gliedmaßen; sie kamen im Ersten Weltkrieg massenhaft zum Einsatz, um den vielen Invaliden zu helfen.

35,7 f. **Soldbuch:** früher üblicher Ausweis beim Militär und gleichzeitig Nachweis für erhaltene Ausrüstung.

38,5 **Quartier:** Unterkunft.

42,16 **Gewehr 98:** Mauser System 98, Standardgewehr des deutschen Heeres.

49,2 **Schanzen:** im weiteren Sinn alle Arbeiten des Befestigungs- und Stellungsausbaus.

50,26 **Tommys:** soldatisch-umgangssprachlich für Engländer.

51,3 **Es gibt Kattun:** bedeutet die Erwartung schweren Beschusses.

55,21 **Schlamassel:** wohl ab dem 18. Jahrhundert aus dem Jiddischen für Unglück, missliche Lage.

72,25 **Küchendragoner:** Kompositum aus ›Dragoner‹ (berittene Truppen) und ›Küche‹; hier wohl scherzhaft für eine kräftig gebaute Frau.

77,10 **Dicken:** salopp für scharfen Arrest unter schlechten Bedingungen.

77,12 **Kahn:** hier: Haft.

78,6 **Wilhelm Tell:** Drama (1804) von Friedrich Schiller (1759–1805).

78,8 **Göttinger Hainbundes:** 1772 gegründete Gruppe von Literaten, die die Natur verehrten.

78,10 **Karl der Kühne:** (1433–1477), letzter Herzog der Linie Burgund-Valois, hatte keinen erbberechtigten

Sohn und mit Maria von Burgund lediglich ein überlebendes Kind für die Erblande.

78,14 **Schlacht von Zama:** (202 v. Chr.), Entscheidungsschlacht im Zweiten Punischen Krieg.

78,17 **Lykurgus:** gilt als Gesetzgeber Spartas, eine vermutlich mythische Gestalt, L. zielte mit seinen Gesetzen auf einen kraftvollen, beständigen Staat, der Machtmissbrauch möglichst verhindern sollte durch institutionelle Gewaltenverteilung im Staat.

78,20 f. **Wir Deutsche … wir Deutschen:** aus einer Rede Bismarcks 1888; beide Versionen sind möglich.

78,26 **Kohäsion:** innerer Zusammenhalt, in der Physik die Anziehung von z. B. Atomen.

79,26 **Rentier:** Rentner.

90,2 **Es wird von einer Offensive gemunkelt:** die Dritte Flandernschlacht.

91,1–3 **Batterien 20,5 … Biester mit Anschlagzündern:** verschiedene Waffen der Artillerie.

94,22 **Gas abgeblasen:** vom Wind abhängiges Verfahren, Giftgas auf die Feindstellungen treiben zu lassen.

95,4 **Frontschwein:** Jargon für erfahrenen Soldaten.

99,20 **Unterstandsangst:** Panikattacken der Soldaten; der deutsche Arzt Fritz Kaufmann glaubte im Krieg, vor Angst zitternde Soldaten mit Elektroschocks behandeln zu können.

107,1 **Corned-beef:** konservierte Fleischspezialität.

114,25 **Chloroform:** Narkosemittel für Operationen.

120,17 f. **Trommelfeuer … Handgranaten:** Formen des Artilleriebeschusses, Sperrfeuer z. B. soll den Gegner am Vorrücken hindern.

150,7 **ganz Belgien:** Andeutung der hochgegriffenen Kriegsziele wie das Septemberprogramm Bethmann Hollwegs.

168,18 f. **das große Russenlager:** Es gab über 3 Millionen russische Kriegsgefangene.

174,28 **Dritter:** Trotz weltweit fortschrittlicher Sozialgesetzgebung konnte Krankheit für Arbeiter ein finanzieller Schicksalsschlag werden.

183,11 **Drüben:** Andeutung der beidseitig maßlosen Kriegs- und Gräuelpropaganda.

185,17 **Patrouille:** Erkundungstrupp auf Feindgebiet.

215,5 **Schlachtbank:** Operationen wurden in hoher Zahl, unter schlechten Bedingungen und unter dem Stress der laufenden Gefechte durchgeführt, sodass Amputationen und Wundinfektionen häufig vorkamen.

224,6 **ranzt:** ranzen: wütend schimpfen.

224,7 **Festung:** hier: Gefängnis.

246,27 **Ruhr:** Infektionskrankheit mit gefährlichen Durchfallsymptomen.

248,22 **Tanks:** Panzer, ab 1918 wurde die materielle Überlegenheit der Alliierten erdrückend.

257,10 f. **Gas geschluckt:** gemeint ist eine leichte Giftgasverletzung.

10. Prüfungsaufgaben mit Lösungshinweisen

Aufgabe 1: Erklärung der Textintention / des Entstehungskontextes

Arbeitsauftrag: Erklären Sie mit geeigneten Textstellen die Bedeutung des Vorworts in Remarques *Im Westen nichts Neues.* Berücksichtigen Sie die Entstehungszeit des Romans.

Vorbemerkung: Der sogenannte Operator »Erklären« siedelt die Aufgabe im mittleren Niveaubereich an. Es sollte ein systematisch gegliederter Aufsatz folgen, der das Vorwort inhaltlich genau reflektiert, die Textintention daraus ableitet und anschließend die besonderen psychischen Folgeschäden des Kriegs mit geeigneten Textstellen darstellt. Abschließend muss der besondere Kontext der Weimarer Republik erläutert werden.

Lösungshinweise in knapper Fassung

Auch das Vorwort oder Motto des Romans *Im Westen nichts Neues* trägt zum Sensationserfolg bei. Es kündigt ein Buch an, das »weder eine Anklage noch ein Bekenntnis« sein wolle und nur den Versuch mache, über eine Generation zu berichten, die der Krieg zerstört habe, »auch wenn sie seinen Granaten entkam« (S. 5). Das klingt neutral bzw. so, als wolle das Buch keinen Konflikt provozieren. Anklagen und Bekenntnisse können im Kontext der Wortverwendung für gewöhnlich nur in Bezug auf Ansichten und Wertvorstellungen geäußert werden, und da es ja um die Erlebnisse des Ich-Erzählers Paul Bäumer geht, soll das Vorwort bzw. Motto auf eine Handlung während des Krieges einstimmen, die für sich sprechen kann. Der zweite Satz deutet auf die grundsätzlich zerstörerischen Konsequenzen des Krieges. Man kann logischerweise als Mitglied der betroffenen Generation das eigene Leben im Krieg verlieren oder wird derart gravierende physische bzw. psychische Folgeschäden davontragen, dass das Überleben kaum als glücklich zu bezeichnen ist, wie das Verb »zerstören« nahelegt. Im Einzelnen: Im Handlungsverlauf werden alle der acht Freunde bzw. Kameraden ausgelöscht – bis auf Albert Kropp. Franz Kemmerich wird vom genauen Beobachter des Sterbens, nämlich Paul Bäumer, über Tage hinweg im Lazarett bis zum Tod begleitet (»Das Fleisch zerschmilzt«, S. 31). »Haie Westhus wird mit abgerissenem Rücken fortgeschleppt; bei jedem Atemzug pulst die Lunge durch die Wunde.« (S. 121 f.), berichtet Paul später. Der Tod der anderen ist nicht weniger qualvoll. Müller krepiert 30 Minuten lang vor sich hin, nachdem ihm eine Leuchtkugel in den Magen geschossen worden ist (S. 246). Seinen verletzten besten Freund Katczinsky kann Paul zwar huckepack wie in einer Szene, die an den heiligen Christophorus erinnert, noch irgendwie in ein Lazarett tragen, aber ein verirrter Splitter tötet »Kat« doch noch in den letzten Momenten. Der mittelalterliche »Schnitter« (also der Tod) mäht nicht nur einen nach dem anderen der Freunde um. Zahlreiche Fälle werden erwähnt, mal anonym wie ein verwundeter Soldat, der zwei Tage lang im Niemandsland vor Schmerzen brüllt (S. 113), mal wird ein anderer Name wie der Leutnant Bertinck (S. 250) genannt.

Ein anderer Aspekt ist das im Motto erwähnte zerstörte Leben der Überlebenden. Da wären die Angehörigen zu nennen, die unter der Last der Todesnachricht beispielsweise des Sohnes zusammenbrechen wie die Mutter von Franz Kemmerich. Pauls Formulierung »Man kann das nicht niederschreiben.« (S. 162) macht begreiflich, dass für die Mutter keine glücklichen Tage mehr möglich sind. Ferner sind die verkrüppelten Soldaten zu erwähnen, denen das weitere Leben völlig sinn- und perspektivlos erscheint, sodass sie wie Albert Kropp (S. 214 f.) oder der erblindete Musiker an Selbstmord denken. Und auch wenn die Textbotschaft herausstellt, dass eben fast keiner der Freunde überleben wird und auch der Ich-Erzähler nicht, so lassen die im Roman immer wieder auftauchenden pessimistischen Einschätzungen des verlorenen Lebens (»ich glaube, wir sind verloren«, S. 111) ahnen, dass der Krieg ein Umbruch ist. Das Nachwort des Er-Erzählers am Ende des Kapitels XII zeigt, dass Paul andeutungsweise sogar glücklich stirbt, weil er keine Lebensfreude mehr nach all den Verlusterfahrungen kennt. Der misslungene Heimaturlaub spricht für diese Annahme. Zuletzt möchte ich noch auf die Entstehung des Romans eingehen, die das vorgestellte Motto ebenfalls zu erklären verhilft. Nach Ende der Kampfhandlungen zeugt eine unübersehbare Menge an Kriegsliteratur von den Versuchen, das Geschehen zu verarbeiten oder auszulegen. Häufig genug mit einem Tonfall, der den Krieg und sein Leid ausblendet bzw. nationalistischen Heldenmut vermittelt. Die Niederlage ist ein allgemeines Trauma, und die Bestimmungen des Versailler Vertrags verschlimmerten für die Mehrheit die Lage, sodass diese Kriegsbücher auf einen gewissen trotzigen Trost zurückgeführt werden können. Die Vorankündigung des Verlags für den Roman belegt das hinreichend, in dem ja auf die wehenden Fahnen als Metapher für das nationalistische Soldatentum hingewiesen wird und der Verlag »ergreifende Wahrheitstreue« (s. Anm. 9, S. 319) in Aussicht stellt. Remarque hat seinen Roman wohl als humanistischen Gegenentwurf begriffen, der eine andere Sprache spricht. Die Millionen Käufer seines Romans bestätigen Remarques Sichtweise des Krieges, die mit der seiner Kritiker freilich scharf kontrastiert.

Aufgabe 2: Interpretation einer Textstelle

Arbeitsauftrag: Interpretieren Sie die Kinderzimmer-Episode des Ich-Erzählers Paul Bäumer während seines Heimaturlaubs (S. 152–156).

Vorbemerkung: Aufgabenstellungen dieser Art gehören zum höchsten Anforderungsniveau. Die Interpretation lässt viele Möglichkeiten, um das Zusammenspiel aus Inhalt und Form darzustellen und nach Erklärung der Funktion der einzelnen Gestaltungsmittel eine Gesamtdeutung zu liefern. Dabei ist es wichtig, die einzelnen Analyseschritte in der Untersuchung fachsprachlich zu unterlegen. Für diese Aufgabe ist ein vergleichsweise langes Zeitfenster nötig.

Lösungshinweise in knapper Fassung

Die Dritte Flandernschlacht ist geschlagen und hat um den Preis von etwa 560 000 getöteten, vermissten oder verwundeten Soldaten auf beiden Seiten keine nennenswerte Frontverschiebung gebracht. Die Kinderzimmer-Episode aus dem Roman *Im Westen nichts Neues* (1929) von Remarque schließt sich an diese Schlacht an und ist damit etwa kurz nach der Hälfte der Handlung im Kapitel VII einzuordnen. Paul hat die Gelegenheit, sich von den mörderischen Strapazen zu erholen und seine Lieben in der Heimat zu besuchen. Er fährt nicht gerne, weil er an seine Kameraden denken muss. Der Auftakt des Heimaturlaubs ist auch eher enttäuschend. Eigentlich möchte Paul lieber allein sein, stattdessen wird er unentwegt über Heldengeschichten an der Front ausgefragt und begegnet pedantischen Vertretern des Kaiserreiches (Offiziere, alte Lehrer), die sich mit Kasernenhof-Gehabe und Stammtischreden hervortun. Paul sucht schließlich sein Kinderzimmer auf, weil er die Menschen »hier« (S. 152) nicht mehr recht begreifen kann. Er möchte sich zurückziehen und sehen, ob er den Anschluss an das alte Leben wieder herstellen kann: »Ich will mich hineindenken in die Zeit damals.« (S. 153) Die auf dreieinhalb Seiten beschriebene Textstelle thematisiert letztlich Entfremdung, den biografischen Riss im Leben Pauls und seine psychischen Folgeschäden durch die Fronterfahrungen. Die gesamte Situation ist durch das Ambiente unterstützt. Die Wortwahl zeigt ein eher spartanisch eingerichtetes Zimmer (»Bilder mit Reißzwecken«, S. 152, und ein »Regal mit meinen Büchern«, S. 153). Die Bücher haben einen besonderen Wert für Paul, ihre Beschreibung ist gründlich. Mit dem Possessivpronomen »meinen« und dem Hinweis auf die mühselig zusammengekauften Werke (die Partikelworte »nach und nach«, S. 153) wird die Liebe zur Literatur verbunden, zumal Paul anmerkt, die Klassiker im Antiquariat »vollständig gekauft« zu haben. Damit meint er, stets »Sämtliche Werke« und nicht Auswahlausgaben angeschafft zu haben, um »das Beste« (S. 153) zu erhalten. Mit den Adjektiven »ehrlich« und »gründlich« beschreibt er den Lektüreeifer. Seine Schulbücher sehen ebenfalls »stark zerlesen« aus. In das Wortfeld, mit dem seine solide Auseinandersetzung als Schüler mit der Literatur beschrieben wird, gehören auch die Nomina, die ein Arbeitszimmer ausmachen, wie »Hefte«, »Papier«, »Versuche«, »Federhalter« oder »Tintenfaß« (S. 153 f.). Allein, die »beschwingte Freude an der Welt der Gedanken« (S. 154) will sich nicht einstellen, wie sie es vor dem Krieg stets tat. Mit einer ganzen Reihe von Verben wird sein zunehmend verzweifeltes Warten deutlich, auffallend die Verben »sitzen« und »warten« in Wiederholungen (»Ich warte, ich warte.«, S. 155). Das liegt daran, dass sich in diese abgeschlossene Welt auch Gedanken an die Kriegswirklichkeit mischen und den Versuch vereiteln, an den Zauber der Bücher aus früheren Zeiten anzuknüpfen (»Mir fällt ein, daß ich zu Kemmerichs Mutter gehen muß«, S. 154). Das Ergebnis des Wartens kündigt sich mit dem Indefinitpronomen »nichts« (S. 155) an. Paul nimmt voller »Unruhe« einige Bücher in die Hand, um durch den Kontakt die Erinnerungen wachzurütteln, doch »müde« stellt er sie schließlich zurück: Es ist »vorbei« (S. 156). Die Passage lebt von einem wechselhaften Satzbau, der das Wechselbad der Gefühle spiegelt. Etwas längere Hypotaxen, mit denen Pauls Reflexionen zum Ausdruck kommen (anfangs der Episode), wechseln auffallend mit ausgesprochen knappen Satzreihen ab (»Ich sitze und warte.« oder »Ich warte, ich warte.«, »Meine Unruhe wächst.«, S 154 f.); bis hin zur Ellipse bzw. Einwortsätzen (»Vorbei.«). Da sie eine Zeile füllen, werden sie in ihrer Bedeutung zusätzlich herausgehoben. Auch auf der rhetorisch-stilistischen Ebene gibt es Mittel, die die Wirkung der Situation ausmachen. Da sind natürlich die klassischen Symbole wie das Buch, das für Wissen und Vernunft steht. Die erwähnten Klassiker unterstreichen ein gutes Stück weit die deutsche Bildungstradition des Volkes der sprichwörtlichen Dichter und Denker. Die Metapher vom »Wind der Wünsche« (S. 154), zugleich rhythmisch als Alliteration klingend, zeigt Pauls Sehnsucht, etwas zu erwarten, was aber nicht mehr kommen wird. Hierzu tragen die Parallelismen und Wiederholungen bei (S. 155), die Pauls vergebliches Ringen um die Rückkehr der geliebten Leidenschaft zum Buch hervorheben. Das leistet auch die Metonymie der »Welt der Gedanken« (S. 154). Schließlich wird diese alte Leidenschaft sogar personifiziert (»die Vergangenheit wendet sich ab«, S. 155). Geradezu symbolisch ist die Handlung, mit der Paul am Ende die Bücher zurück ins Regal stellt, weil er keinen Zugang mehr zu ihnen findet (S. 156). Der Vergleich in Form einer Ellipse (»Wie vor einem Gericht.«, S. 155), als er vor den Büchern steht, ließe sich daher als Anklage des Geistes und der Vernunft verstehen, an welchem Irrsinn er da mitwirkt. Als Urteil folgt (»wie ein Verurteilter«, S. 155), dass er keinen Zutritt zur alten Welt der Vernunft mehr erhält. Ein makabrer Vorausblick: Paul wird den Buchdrucker Gérald Duval in der Trichter-Episode töten und damit die aufgebaute Bildlichkeit abschließen; der Mensch tötet den Menschen und das, was er im positiven Sinne mit Vernunft erreichen kann.

Die Passage ist durch die personale Ich-Erzählsituation mit viel beschriebener Innenperspektive ideal geeignet, die Leserschaft an Pauls Erlebnis in seinem alten Kinderzimmer (natürlich auch ein Symbol der Sehnsucht und der Unschuld) teilzuhaben. Da die Erzählzeit und die erzählte Zeit sich stark annähern, wird diese Episode zum Schlüsselmoment für Paul, der einsehen muss, dass das »Gefühl der Fremde« (S. 155) das Resultat der Kriegserfahrung ist. Diese Episode hat in der abschließenden Deutung die Funktion, die sozusagen vernünftige Vergangenheit des wissbegierigen Schülers mit dem Unverstand des Krieges zu kontrastieren, an dem Paul teilnimmt und wofür er einen hohen Preis bezahlt. Die Fähigkeit, sich wie früher in die Welt der Bücher zu vertiefen, ist verloren gegangen. Dass es auch sein Kinderzimmer ist, in dem er sich nicht mehr wohlig entspannen kann, steht für die Entwurzelung, die er während des Heimaturlaubs zunehmend verspürt. Weder die Familie noch die alten Bekannten und Tätigkeiten haben für Paul eine tiefere Bedeutung. Er ist untauglich für die Heimat geworden, sodass er am Ende des Kapitels VII sogar einräumen muss, dass er besser nicht in den Urlaub hätte fahren sollen (S. 166). Das Motto oder Vorwort zu Beginn des Romans ist innerhalb der Erzählwelt bereits Realität geworden und macht es der Leserschaft des Jahres 1929 zur Aufgabe, sich daran vergleichend zu messen. Viele taten das offenbar mit ähnlichem Ergebnis wie Paul.

Aufgabe 3: Reflexion über Textintention und Rezeption

Arbeitsauftrag: Remarque hat in einem Interview mit Axel Eggebrecht am 14. Juni 1929 den Erfolg seines Buches mit der Aussage begründet, »dass es nicht politisch, dass es unprogrammatisch ist. Dass es – um es noch einmal zu wiederholen – vom Kriege nur das einfache, das gemeinsame menschliche Grunderlebnis gibt« (s. Anm. 9, S. 364). Diskutieren Sie diese Aussage.

Vorbemerkung: Diese Aufgabe zählt ebenfalls zu den eher anspruchsvollen. Sie gestattet mit dem Operator »Diskutieren« eine abwägende Auseinandersetzung, die viele Möglichkeiten der Gedankenführung lässt und mit einer eindeutigen Positionierung enden sollte. Die Aufgabe ist auch innerhalb eines eher kürzeren Zeitfensters ansprechend zu bearbeiten.

Lösungshinweise in knapper Fassung

Als Remarque seinen Roman nach zehnjähriger Unterbrechung wieder aufnahm und in einem kontinuierlichen Arbeitsprozess 1927/28 verschriftlichte, hatte er ohne Frage einen Überblick über die erbitterten Diskussionen um den Krieg, die Niederlage, die Schuld. Es ist das Dauerthema der Weimarer Republik, das eine Unmenge an Texten auslöste. Neben vielen anderen Autoren mit ihren Publikationen, die das Soldatentum und die Ehre des Heeres nach der Niederlage positiv darstellten und die Rezeption des Krieges prägten, gab es auch andere Stimmen. Die Antikriegsliteratur mit einer kritischeren Sicht auf den Krieg kam in Deutschland aber erst ab Mitte der 1920er merklich auf (z. B. Arnold Zweig, *Der Streit um den Sergeanten Grischa*, 1927). *Im Westen nichts Neues* ist in dieser Hinsicht der Durchbruch. Das konnte Remarque nicht planen und die Wucht der Reaktionen hat ihn überrascht. Ein Blick in die Entstehungsgeschichte bietet sich an. Als er sein Manuskript beim prestigeträchtigen Fischer-Verlag einreichte, ist die Ablehnung aus anscheinend ökonomischen Überlegungen eigentlich nicht abwegig gewesen. Trotz der Qualität des Textes hatte man den Eindruck, dass sich das Kriegsthema allmählich erschöpft hatte und eine Investition in den Vertrieb sich möglicherweise nicht rechnet, wie Wilhelm von Sternburg in seiner Biografie Remarques ausführt. Im Nachhinein betrachtet ist das natürlich ein Fehler gewesen. Im Ullstein-Konzern wurden die Chancen des Manuskripts anders bewertet. Allerdings scheint der Verlag Remarque in einem ersten Gespräch am 6. August 1928 (vgl. S. 303 im Anhang der Textausgabe) gebeten zu haben, das Manuskript zu ändern, allzu vehement formulierte Kritik zu entschärfen oder mit anderen Formulierungen zu relativieren. Offenbar hatte Remarque also einen etwas harscher formulierten Antikriegsroman im Sinn und der

Ullstein-Konzern war mehr als der Autor in Sorge, wie das in der damaligen Stimmungslage ankommen könnte. Wie dem auch sei: Offenbar willigte Remarque ein. Daraus lässt sich schlussfolgern, dass sowohl der Ullstein-Konzern als auch der Autor selbst gemeinsam eine Strategie für die Zukunft festlegten, die darauf abzielte, sich aus den Streitereien im gesellschaftspolitisch sensiblen Themenkreis des Krieges so gut es geht herauszuhalten, ohne auf das selbstverständliche Recht zu verzichten, eine andere Darstellung des Krieges zu veröffentlichen. Der Vertrag, den Remarque mit dem Ullstein-Konzern abschloss, kalkulierte das Risiko eines ökonomischen Misserfolgs laut dem Biografen Sternburg übrigens auch ein.

Das Zitat aus dem Interview mit Eggebrecht lässt die gerade ausgeführte Strategie erkennen, zu der das Motto oder Vorwort im Roman passt und auch die Werbung in der Vorabankündigung. Die emotionale Kritik am Roman und seinem Verfasser (Hans Zöberlein tobt am 14. August 1929 im *Völkischen Beobachter* mit den Worten, der Roman sei aus der Latrinenperspektive geschrieben, der Krieg werde durch die Abortbrille betrachtet) ist auch durch den Erfolg bedingt. Remarque hielt jedenfalls an der Strategie fest, sich nicht auf die persönliche Ebene herunterziehen zu lassen. Die im Interview gemachte Äußerung, mit seinem Roman nicht politisch oder programmatisch sein zu wollen, passt dazu. Er hat auch immer wieder betont, er wolle dazu nichts weiter sagen, der Roman enthalte alles, was gesagt werden müsse, und sich verbal zurückgehalten, wenn er auf die Anfeindungen seiner Person angesprochen wurde.

Dass der Roman das Grauen des Krieges in den Vordergrund stellt und die Auswirkungen besonders an und durch Paul Bäumer beschreibt, ist die hauptsächliche Wahrnehmung aller Leser. Insofern bestätigt sich durch die schriftlich nachvollziehbare Rezeption des Romans die Aussage Remarques in seinem Interview mit Eggebrecht, dass im Buch der Krieg als menschliches Grunderlebnis dargestellt werde – aus seiner Sicht das schlimmste. Vielleicht scheint Remarque zu unterschätzen, dass genau das (also die ungeschönte Darstellung des Krieges) programmatisch in den Augen des Lesepublikums ist, wie die Reaktionen aus dem rechten Gesellschaftsspektrum zeigen. Auch die Tatsache, dass während der Dreharbeiten am Film von Lewis Milestone in den USA die US-Army keine Soldaten als Statisten hat zur Verfügung stellen wollen, weil man eine Untergrabung des Wehrwillens befürchtete, spricht Bände. Und natürlich zeigt der Blick auf die politischen Inhalte der bekannten Kaiser-Episode im Roman, dass dem Roman sehr wohl eine politische als auch programmatische Intention innewohnt. Es liegt letztlich auch nicht in der Hand von Autorinnen oder Autoren, wie ihr Werk gelesen wird, wenn sie es aus der Hand geben.

Die Bilanz lautet: Der Roman ist ein programmatischer Antikriegsroman mit einer politischen Botschaft, die viele störte. Das war dem Ullstein-Verlag und Remarque bewusst, so dass der Roman überarbeitet wurde und man sich entschloss, sich aus hitzigen politischen Diskussionen herauszuhalten.

11. Literaturhinweise/Medienempfehlungen

Verwendete Textgrundlage

Erich Maria Remarque: Im Westen nichts Neues. In der Fassung der Erstausgabe mit Anhang und einem Nachwort herausgegeben von Thomas F. Schneider. Köln: Kiepenheuer & Witsch [19]2022.

Empfehlenswerte umfangreichere Ausgabe

Erich Maria Remarque: Im Westen nichts Neues. In der Fassung der Erstausgabe mit Materialien und einem Nachwort herausgegeben von Thomas F. Schneider. Köln: Kiepenheuer & Witsch [3]2016. [Beide Ausgaben bieten mit dem, was der Literaturwissenschaftler Schneider angefügt hat, grundlegende fachliche Orientierung.]

Biografisches über Remarque

Sternburg, Wilhelm von: »Als wäre alles das letzte Mal«. Erich Maria Remarque. Eine Biographie. Köln: Kiepenheuer & Witsch 2000. [Standardwerk über Remarque.]

Webseite des Erich Maria Remarque-Friedenszentrums: www.remarque.uni-osnabrueck.de [Menüpunkt Biografie.]

Literatur zum Ersten Weltkrieg und die Nachkriegszeit

Afflerbach, Holger: Auf Messers Schneide. Wie das Deutsche Reich den Ersten Weltkrieg verlor. München: Beck, 2018. [Detaillierte Studie mit Schwerpunkt auf den deutschen Operationen.]

Cabanes, Bruno / Duménil, Anne (Hrsg.): Der Erste Weltkrieg. Eine europäische Katastrophe. Bann: BpB, 2013. [Bildreiches, einprägsames Überblickswerk.]

Dirlmeier, Ulf [u. a.]: Deutsche Geschichte. Stuttgart: Reclam, 2013. [Bewährtes Überblickswerk.]

Haring, Sabine A.: Ernst Jünger, Erich Maria Remarque und der Erste Weltkrieg. Eine literatursoziologische Betrachtung. In: Konrad, Helmut (Hrsg.): Krieg, Medizin und Politik. Der Erste Weltkrieg und die österreichische Moderne. Wien: Passagen, 2000. S. 351–373. [Prägnanter Überblick zu den beiden Autoren.]

Hirschfeld, Gerhard / Krumeich, Gerd: Deutschland im Ersten Weltkrieg. Unter Mitarbeit von Irina Renz. Frankfurt a. M.: Fischer, 2018. [Standardwerk.]

Kershaw, Ian: Höllensturz. Europa 1914 bis 1949. Aus dem Englischen von Klaus Binder, Bernd Leineweber und Britta Schröder. München: Pantheon, ²2019. [Erzählerisch beeindruckende Epochenübersicht.]

Leonhard, Jörn: Der überforderte Frieden. Versailles und die Welt 1918–1923. Bonn: BpB, 2019. [Akribische Studie über die Probleme der Nachkriegszeit.]

Piper, Ernst: Nacht über Europa. Kulturgeschichte des Ersten Weltkriegs. Bonn: BpB, 2014.

Schneider, Thomas F. [u. a.]: Die Autoren und Bücher der deutschsprachigen Literatur zum Ersten Weltkrieg 1914–1939. Ein bio-bibliographisches Handbuch. Göttingen: V&R, 2008. [Umfangreiche Studie.]

Vollmer, Jörg: Imaginäre Schlachtfelder. Kriegsliteratur in der Weimarer Republik. Eine literatursoziologische Untersuchung. Berlin 2003 (Dissertation). [Systematische Erfassung.]

Literatur über den Roman *Im Westen nichts Neues*

Bloom, Harold (Hrsg.): Erich Maria Remarque's *All Quiet on the Western Front*. Philadelphia: Chelsea House Publishers, 2009. [Sammlung von Einzelstudien verschiedener Verfasser zum Roman.]

Firda, Richard Arthur: *All Quiet on the Western Front*. Literary Analysis and Cultural Context. New York: Twayne Publishers, 1993. [Interpretation des Romans.]

Gigl, Claus: Erich Maria Remarque: *Im Westen nichts Neues*. Für Oberstufe und Abitur. Stuttgart: Klett, [3]2016. [Interpretationshilfe für Schule und Studium.]

Horn, Peter: Der »unbeschreibliche« Krieg und sein fragmentierter Erzähler. Zu Remarques Kriegsroman *Im Westen nichts Neues*. In: Heinrich Mann Jahrbuch 4 (1986), S. 85–108. [Analyse des Ich-Erzählers und seine Darstellungsweise.]

Keiser, Wolfhard / Seedorf, Karla: Textanalyse und Interpretation zu Erich Maria Remarque *Im Westen nichts Neues*. Hollfeld: Bange, [6]2020. [Interpretationshilfe für Schule und Studium.]

Murdoch, Brian (Hrsg.): Critical Insights. *All Quiet on the Western Front*. Pasadena, CA: Salem Press, 2010. [Band mit Studien verschiedener Autoren.]

Schneider, Thomas F.: Das Kriegsbild des ›einfachen‹ Soldaten. Erich Maria Remarques *Im Westen nichts Neues* und die westliche kulturelle Tradition. In: literaturkritik.de, 8. Oktober 2008. https://literaturkritik.de/public/rezension.php?rez_id=12392&ausgabe=200811 (Stand: 21.2.2023). [Artikel auf einer bedeutenden Webseite zur Belletristik.]

Schrader, Bärbel (Hrsg.): Der Fall Remarque. *Im Westen nichts Neues*. Eine Dokumentation. Leipzig: Reclam, 1992. [Zusammenstellung der zeitgenössischen Aufregung um Remarques Roman, antiquarisch zu erhalten.]

Späth, Nikos: Das Thema hatte es in sich. Die Reaktion der deutschen und amerikanischen Presse auf Erich Maria Remarques *Im Westen nichts Neues*. Eine vergleichende Rezeptionsstudie über Fronterlebnis- und Weltkriegserinnerung in der Weimarer Republik und den USA in den Jahren 1929 und 1930. Göttingen: V&R, 2020. [Umfassend, Standardwerk.]

Stahl-Busch, Marlene: Erich Maria Remarque. *Im Westen nichts Neues*. Interpretation. Hallbergmoos: Stark, [2]2018. [Interpretationshilfe für Schule und Studium.]

Empfehlenswerte Webseiten

www.germanistik-im-netz.de/
[GiN ist ein Serviceportal der Universitätsbibliothek in Frankfurt für Recherchen zur Germanistik.]

www.remarque.uni-osnabrueck.de
[Erich Maria Remarque-Friedenszentrum, Forschungsstelle mit zahlreichen Menüpunkten zu allen relevanten Aspekten; äußerst empfehlenswert, auch wegen der erschöpfenden Bibliografie.]

www.bpb.de
[Die Webseite der Bundeszentrale für politische Bildung bietet stark vergünstigte Lizenzausgaben namhafter Publizisten; oft kostenlose Themenhefte, eben auch zum Ersten Weltkrieg.]

www.deutsche-digitale-bibliothek.de
[Mammutprojekt für den Zugang zu digitalisierten Werken.]

https://archive.org
[Eine der weltweit größten Online-Bibliotheken.]

Filmische Adaptionen

All Quiet on the Western Front, USA 1930, Regie: Lewis Milestone, Universal Pictures

All Quiet on the Western Front, USA/GB 1979, Regie: Delbert Mann, Marble Arch Productions

Im Westen nichts Neues, Deutschland 2022, Regie: Edward Berger, Netflix

Graphic Novel

Eickmeyer, Peter / Borstel, Gaby von: Im Westen nichts Neues. Nach dem Roman von Erich Maria Remarque. Bielefeld: Splitter, 2014.

Hörspiele/Hörbücher

Im Westen nichts Neues. Hörspiel mit Patrick Güldenberg [u. a.]. Berlin: Der Audio Verlag, 2020.
Im Westen nichts Neues. Hörbuch mit August Diehl. München: Der Hörverlag, 2013.

Theater

Allein in der Spielzeit 2014/15 gab es an mehreren Bühnen Aufführungen, z. B. Hamburg, Münster, Göttingen.

12. Zentrale Begriffe und Definitionen

Akkumulation: ➤ Stilmittel; inhaltlich-thematische Anhäufung bzw. Aufzählung.
➤ S. 61

Alliteration: ➤ Stilmittel; Wiederholung von Anfangsbuchstaben oder Lauten von aufeinanderfolgenden Wörtern.
➤ S. 60, 136

Anapher: ➤ Stilmittel; Wortwiederholungen zu Beginn von aufeinanderfolgenden Sätzen.
➤ S. 61

Antithese: ➤ Stilmitte; inhaltliche Gegenüberstellung.
➤ S. 59

Augusterlebnis: Woge patriotischer Begeisterung bei Kriegsausbruch 1914.
➤ S. 81, 116 f.

Ellipse: ➤ Stilmittel; Auslassung von Wörtern oder Teilen innerhalb eines Satzes.
➤ S. 136

Erzählform: Autor und Erzähler sind in Erzählungen nie identisch; der Erzähler ist eine Kunstfigur. Es gibt zwei Erzählformen: der Ich-Erzähler oder der Er-/Sie-/Es-Erzähler. Die Art der Erzählvermittlung bezeichnet man als Erzählverhalten oder Erzählsituation (auktorial, personal oder neutral).
➤ S. 54

Erzähler- und Figurenrede: Darstellungsweise des Erzählers oder der beteiligten Figuren. Dazu zählen Bericht (Darstellung von Abläufen), Reflexionen, Beschreibungen, direkte Rede (unmittelbare Gespräche), indirekte Rede, erlebte Rede (Wiedergabe von Gedanken oder Gefühlen in der 3. Person), innerer Monolog, Bewusstseinsstrom.

➤ S. 72

Erzählperspektive: Die Außenperspektive umfasst alles äußerlich Wahrnehmbare (Eindrücke, Aussehen), die Innenperspektive die innerlichen Vorgänge (Gefühle, Gedanken).

➤ S. 58, 137

Erzählsituation oder -verhalten: beschreibt die Art und Weise der Erzählvermittlung. Auktoriales Erzählverhalten erkennt man an allwissend wirkenden Formulierungen des Erzählers, Vorausdeutungen oder Rückblicken und Wertungen; personales Erzählverhalten ist durch eine in der Erzählwelt beteiligte Figur erkennbar, über die alles dargestellt wird; neutrales Erzählverhalten ist eine Extremform, in der der Erzähler nicht greifbar erscheint und wie eine Kamera mit Mikrofon alles vermittelt und keinerlei Wertungen vorkommen.

➤ S. 137

(Dritte) Flandernschlacht: eine der verheerendsten Materialschlachten des Ersten Weltkrieges. Am 16. Juli 1917 begann ein 15-tägiger Dauerbeschuss mit teils zuvor nie gekannter Intensität. Die Alliierten versuchten so ab dem 31. Juli den Durchbruch im Raum Ypern zu erzwingen. Die Schlacht dauerte bis zum 6. November 1917; phasenweise stand in manchen Abschnitten rechnerisch alle fünf Meter ein Geschütz. Ungewöhnlich starker Regen erschwerte alle Operationen. Verluste auf beiden Seiten:

insgesamt etwa 560 000 Mann (verwundet, vermisst, gefallen).
➤ S. 18 f., 34, 37, 45, 49, 52, 87, 100, 105, 134

Hendiadyoin: ➤ Stilmittel; Begriff bzw. Vorstellung, gebildet aus zwei ungleichen Worten oder Ausdrücken.
➤ S. 59, 60

Hypotaxe: Satzgefüge, Unterordnung eines Nebensatzes unter einen anderen Satz.
➤ S. 62, 136

Kompositum: zusammengesetztes Wort.
➤ S. 62, 127

Kontingenz: Begriff der Philosophie; seit Kant meint Kontingenz Nichtnotwendigkeit, Zufälligkeit.
➤ S. 64, 69

Motiv: bedeutungstragendes, vorerst nicht genau festgelegtes Element in einem Text, wobei die Kette von Motiven den ➤ Stoff formt. Motive können in einem Werk wie in der Musik wiederholt anklingen und das inhaltliche Geschehen prägen.
➤ S. 56, 63–70

Neologismus: ➤ Stilmittel; Wortneubildung.
➤ S. 60, 71

Neue Sachlichkeit: einflussreiche literarische Strömung der 1920er Jahre. Tendenz zur scheinbar objektiven Darstellung der Wirklichkeit, Vermeidung von direkter Kritik der Gesellschaft.
➤ S. 7, 58

Onomatopoesie: ➤ Sitlmittel; Lautmalerei.
➤ S. 62

Parataxe: Satzreihe, Nebenordnung von Sätzen oder Satzgliedern.
➤ S. 62

Polysyndeton: Stilmittel; Häufung des Partikelwortes ›und‹ bei Aufzählungen anstatt Kommata.

➤ S. 60 f., 89

Stilmittel: (z. B. Alliteration, Anapher, Hendiadyoin, Metonymie usw.) leicht online recherchierbar oder in Überblicksdarstellungen (z. B. Yomb May, *Kompaktwissen XL. Abiturwissen Deutsch*, Stuttgart: Reclam [2]2018, ab S. 225).

➤ S. 59 f.

Stoff: »Rohmaterial, das der Autor in der Natur, im eigenen Leben oder in der Geschichte findet und zu einem Werk verarbeitet« (Yomb May, *Abiturwissen Deutsch*, Stuttgart [2]2018, S. 95).

➤ S. 125

Trikolon: ➤ Stilmittel; dreigliedriges Gefüge.

➤ S. 61

Wilhelminische Gesellschaft: Heterogene Klassengesellschaft mit dem Adel an der Spitze, gefolgt vom Bürgertum mit reichen Großbürgern (Unternehmern), aufstrebenden Bildungsbürgern (Anwälten, Ärzten) und den Arbeitern und Handwerkern; überwiegend strenge Wertvorstellungen und Ideale; Stolz auf das gegründete Kaiserreich.

➤ S. 95, 98, 122

Zeitgestaltung: Die erzählte Zeit bezeichnet die Dauer der erzählten Handlung, die Erzählzeit die Dauer für das Erzählen oder Lesen der Handlung. Das führt zu zeitraffendem Erzählen (ein erkennbar längeres Geschehen wird verkürzend erzählt), zeitdeckendem Erzählen (Erzählzeit und erzählte Zeit sind deckend, in Gesprächen der Fall) und zeitdehnendem Erzählen (sehr ausführliches Erzählen einer Begebenheit, die erkennbar nicht so lange dauert).

➤ S. 72